CONTEÚDO DIGITAL PARA ALUNOS
Cadastre-se e transforme seus estudos em uma experiência única de aprendizado:

1 Entre na página de cadastro:
https://sistemas.editoradobrasil.com.br/cadastro

2 Além dos seus dados pessoais e dos dados de sua escola, adicione ao cadastro o código do aluno, que garantirá a exclusividade do seu ingresso à plataforma.

7475693A7954270

3 Depois, acesse: **https://leb.editoradobrasil.com.br/**
e navegue pelos conteúdos digitais de sua coleção :D

Lembre-se de que esse código, pessoal e intransferível, é válido por um ano. Guarde-o com cuidado, pois é a única maneira de você acessar os conteúdos da plataforma.

Tic-Tac

Vilza Carla

É tempo de aprender

Educação Infantil

LIVRO INTEGRADO

4ª Edição
São Paulo, 2020

Dados Internacionais de Catalogação na Publicação (CIP)
(Câmara Brasileira do Livro, SP, Brasil)

Carla, Vilza
    Tic-tac : é tempo de aprender : linguagem, matemática, natureza, sociedade : livro integrado : educação infantil 1 / Vilza Carla. -- 4. ed. -- São Paulo : Editora do Brasil, 2020.

    ISBN 978-85-10-08233-4 (aluno)
    ISBN 978-85-10-08234-1 (professor)

    1. Linguagem (Educação infantil) 2. Matemática (Educação infantil) 3. Natureza (Educação infantil) 4. Sociedade (Educação infantil) I. Título.

20-36006   CDD-372.21

Índices para catálogo sistemático:

1. Ensino integrado : Livros-texto : Educação infantil   372.21

Cibele Maria Dias - Bibliotecária - CRB-8/9427

4ª edição / 6ª impressão, 2024
Impresso na PifferPrint

Avenida das Nações Unidas, 12901
Torre Oeste, 20º andar
São Paulo, SP – CEP: 04578-910
Fone: +55 11 3226-0211
www.editoradobrasil.com.br

© Editora do Brasil S.A., 2020
Todos os direitos reservados

Direção-geral: Vicente Tortamano Avanso

Direção editorial: Felipe Ramos Poletti
Gerência editorial: Erika Caldin
Supervisão de arte: Andrea Melo
Supervisão de editoração: Abdonildo José de Lima Santos
Supervisão de revisão: Dora Helena Feres
Supervisão de iconografia: Léo Burgos
Supervisão de digital: Ethel Shuña Queiroz
Supervisão de controle de processos editoriais: Roseli Said
Supervisão de direitos autorais: Marilisa Bertolone Mendes

Supervisão editorial: Carla Felix Lopes
Edição: Carla Felix Lopes
Assistência editorial: Beatriz Pineiro Villanueva
Auxílio editorial: Marcos Vasconcelos
Especialista em copidesque e revisão: Elaine Cristina da Silva
Copidesque: Gisélia Costa, Jonathan Busato, Ricardo Liberal e Sylmara Beletti
Revisão: Amanda Cabral, Andreia Andrade, Fernanda Almeida, Fernanda Sanchez, Flávia Gonçalves, Gabriel Ornelas, Mariana Paixão, Martin Gonçalves e Rosani Andreani
Pesquisa iconográfica: Lucas Alves
Assistência de arte: Daniel Souza
Design gráfico: Patrícia Lino
Capa: Patrícia Lino
Imagem de capa: Maria Kriadeira Ateliê/ Bianca Lemos Fotografia
Ilustrações: Ana Terra, Camila de Godoy, Camila Sampaio, Carolina Sartório, Conexão, Janete Trindade, Lorena Kaz, Mauricio Negro e Silvana Rando
Editoração eletrônica: Bruna Pereira, Elbert Stein, José Anderson Campos, Marcos Gubiotti e Viviane Yonamine
Licenciamentos de textos: Cinthya Utiyama, Jennifer Xavier, Paula Harue Tozaki e Renata Garbellini
Controle de processos editoriais: Bruna Alves, Carlos Nunes, Rita Poliane, Terezinha de Fátima Oliveira e Valéria Alves

Silvana Rando

Criança, meu amor,

Este livrinho é todo seu. Ele está cheinho de brincadeiras prazerosas e motivadoras que ajudarão você a compreender o mundo a sua volta e a perceber como é agradável e divertido aprender!

Com ele, você poderá interagir e brincar com os colegas e com o professor de várias formas: cantando, jogando, desenhando, pintando, divertindo-se com as cantigas, parlendas, quadrinhas, poemas, adivinhas, trava-línguas e muito mais.

Os conteúdos integrados, com temas abrangentes e relacionados a seu dia a dia, favorecerão sua aprendizagem, seu desenvolvimento e sua socialização. E isso com certeza será motivo de muita alegria para você e para todos que torcem por seu sucesso! Legal demais, não é?

Agora, vamos brincar, vamos?

Vilza Carla

**TIC-TAC – É Tempo de Aprender
é a coleção mais querida do Brasil!**

VILZA CARLA

- Formada em Pedagogia com habilitação em Orientação Educacional.

- Pós-graduada em Psicopedagogia.

- Vários anos de experiência no trabalho com crianças em escolas das redes particular e pública da Educação Infantil e do Ensino Fundamental I.

- Autora da **Coleção Tic-tac – É Tempo de Aprender** (versão integrada e versão seriada), da Editora do Brasil, destinada a crianças da Educação Infantil.

- Coautora da **Coleção Essa Mãozinha Vai Longe – Caligrafia**, da Editora do Brasil, destinada a crianças de Educação Infantil e do Ensino Fundamental (1º ano ao 5º ano).

Para todas as crianças do Brasil!

Um poema para as crianças

Caramba!
Como é demais
Ser criança.
A gente pula,
Corre, cai, levanta,
Vai e volta,
E nunca se cansa.

Ah! Ah! Ah!
Como é bom ser criança!
[...]
Puxa!
Como é legal
Ser criança.
A gente bate a cabeça,
Corta o dedão,
Esfola o joelho,
Machuca o bumbum,
E nunca descansa.

Ai! Ui! Ai!
Como é bom ser criança!

Lalau. **Hipopótamo, batata frita, nariz: tudo deixa um poeta feliz!** São Paulo: DCL, 2009. p. 23.

SUMÁRIO

- Linguagem 7
- Matemática 111
- Natureza 215
- Sociedade 251

Datas comemorativas 292

Ficha individual de observação 319

"Tem-se grande trabalho em procurar os melhores métodos para ensinar a ler e escrever. O mais seguro de todos eles, de que sempre se esquece, é o desejo de aprender. Dê a ele esse desejo e abandone dados e tudo mais, e qualquer método será bom."

Jean-Jacques Rousseau

É tempo de Linguagem

Dedo mindinho,
Seu vizinho,
Pai de todos,
Fura-bolo,
Mata-piolho.

Parlenda.

SUMÁRIO

Cantiga
Parlenda
Quadrinha
Poema
Trava-língua
Chula de palhaço
Adivinha

Atividades preparatórias 9
Coordenação motora
Orientação espacial
Análise e síntese
Atenção e memória visual
Atenção e memória auditiva

As vogais 41
Vogal A 41
Vogal E 51
Vogal I 61
Vogal O 71
Vogal U 81

Revisando as vogais 91

Juntando as vogais 98

Atividades preparatórias

– Vamos cantar juntos a cantiga do sapo?

O sapo não lava o pé
Não lava porque não quer
Ele mora lá na lagoa
Não lava o pé porque não quer...

Cantiga.

Observe seu nome na ficha e escreva-o da maneira que souber na etiqueta do sapinho. Depois, cole pedacinhos de papel picado no corpo dele.

– Você gosta de história?
Ouça a história de Chapeuzinho Vermelho.

Fale o nome dos personagens e cole um pedacinho de EVA no que você mais gostou. Depois, ligue Chapeuzinho Vermelho à Vovó.

Cante com os colegas. Depois, pinte as bolinhas com giz de cera nas cores indicadas para mostrar por onde o soldadinho vai passar marchando.

**Marcha, soldado,
Cabeça de papel.
Quem não marchar direito
Vai preso pro quartel.**

Cantiga.

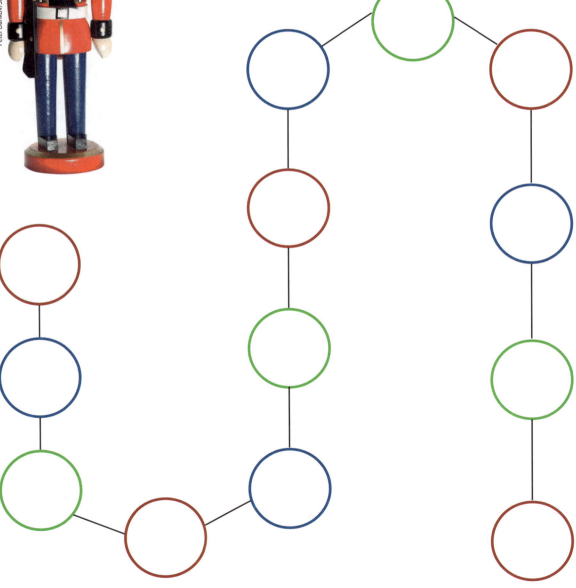

• Brinque de trava-língua com os colegas e o professor. Depois, molhe o dedo na tinta guache e pinte a roupa do rei.

O rato roeu a roupa do rei rico de Roma.

Trava-língua.

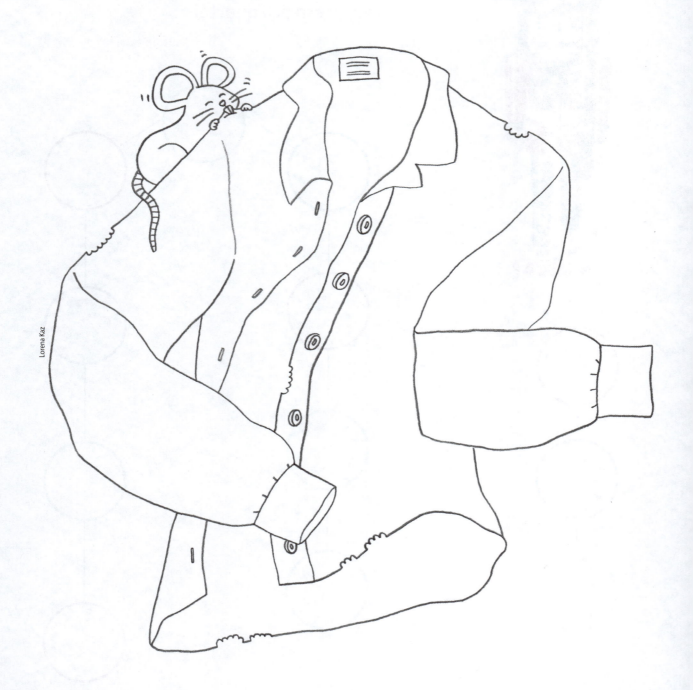

🤡 Observe as imagens e imite cada posição indicada ao som de uma música animada. Depois, circule o dono da sombra.

🤡 Faça um **/** na imagem em que Juninho está chorando.

Acompanhe a leitura do professor e circule a resposta da adivinha.

O que é, o que é?
É redonda, pula e rola.
Meu brinquedo é uma...

Adivinha.

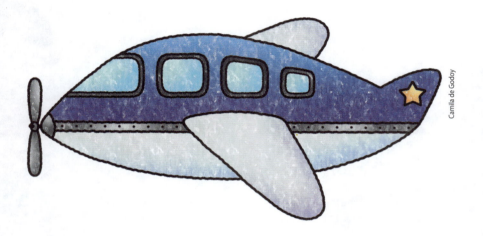

– Que animal aparece na imagem?
– Qual a cor do dinossauro?
– Você já viu um dinossauro de verdade?
– O que mais você vê nesta imagem?
– Vamos imitar o dinossauro?

Usando cotonetes e tintas guaches, contorne a imagem fazendo bolinhas coloridas.

Dê um nome para o dinossauro e invente com seus colegas uma história para ele. Seu professor fará o registro da história para vocês.

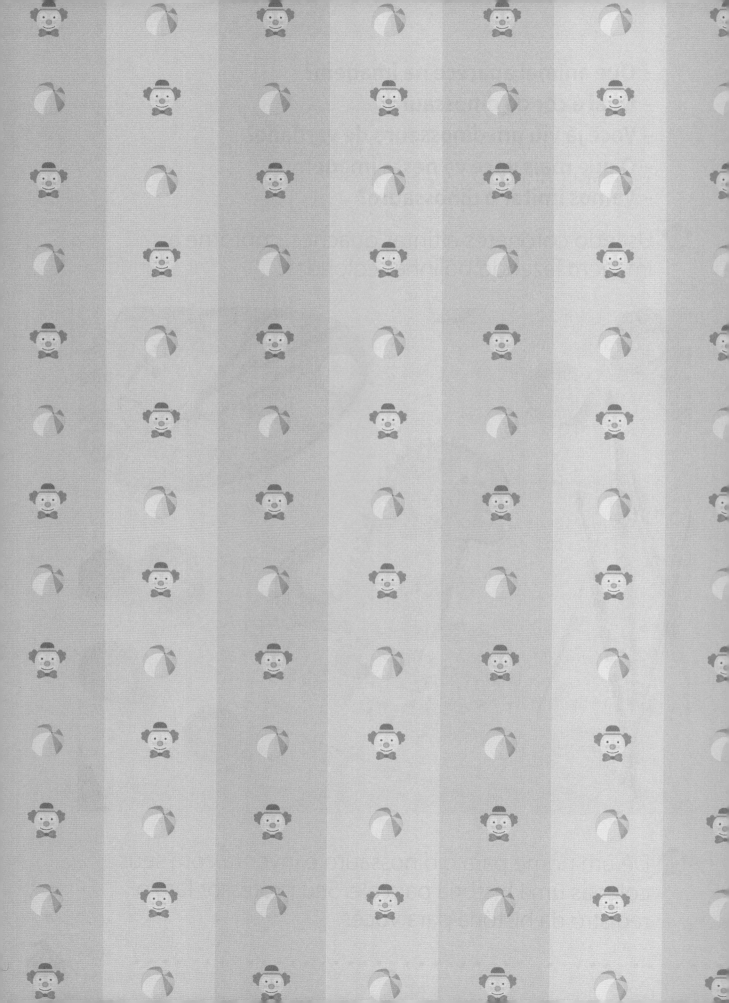

Artur gosta de imitar bichinhos.
– Você sabe imitar algum bichinho?

Observe as imagens e ligue Artur a cada bichinho que ele está imitando.

Acompanhe a leitura do poema feita pelo professor.

Galo no terreiro
Toda manhã, bem cedinho,
lá no terreiro,
batendo as asas com força,
canta um galinho faceiro.

Sinval Medina e Renata Bueno.
Manga madura não se costura?
São Paulo: Editora do Brasil, 2012. p. 6.

– Sobre qual animal o poema fala? Você sabe imitá-lo?

 Molhe o dedo na tinta e cubra o tracejado.

Cante com os colegas. Depois, fale o nome dos animais desta página e pinte somente aquele que é citado na cantiga.

**Sapo-cururu
Na beira do rio.
Quando o sapo canta, ô maninha,
É que está com frio.**

Cantiga.

Cole pedacinhos de papel picado na roupa do palhaço.

– Vou ali e volto já.
– Vou pegar maracujá!
– Seu Mané, é, é!
– Amigo do Zé, é, é!

Chula de palhaço.

O que é, o que é?

**Bebe leite, mas não bebe café.
Fica no telhado, mas não é chaminé.**

Adivinha.

 Encontre e pinte a resposta da adivinha no emaranhado.

– O que estas crianças estão fazendo?
– Você já brincou assim?

Com tinta a dedo, ligue as bolinhas do caminho que cada criança fará para chegar até a caixa de brinquedos.

Cubra os pontilhados e pinte os pintinhos observando as cores indicadas.

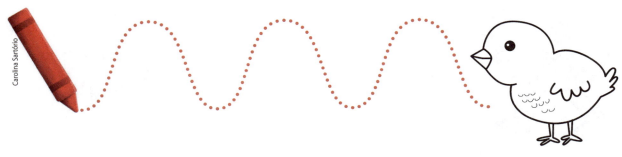

Observe esta apresentação musical.

 Agora, circule quem estava na apresentação musical e faça um **X** em quem não estava nela.

Recorte sobre o tracejado o caminho de cada criança para chegar ao brinquedo.

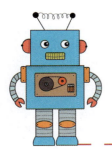

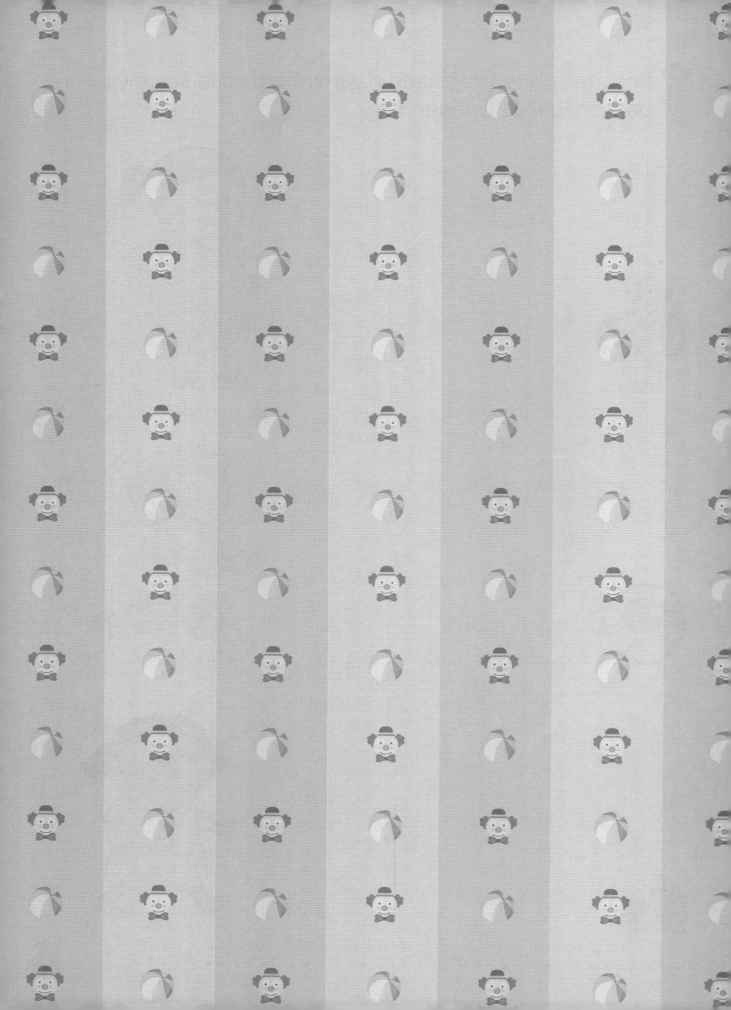

🤡 Com o lápis, leve o menino até o cãozinho sem sair do limite.

Circule com canetinha hidrocor somente a resposta da adivinha.

O que é, o que é?

Sou um bichinho preguiçoso,
Adoro ficar deitado.
O meu pelo é macio
E meu passinho delicado.

Adivinha.

Hora do lanche!

Descubra o que cada criança comerá seguindo as linhas. Depois, circule quem comerá o sanduíche e faça um **/** em quem comerá a banana.

 Observe as cenas e conte a história com a ajuda dos colegas.

 Faça um **/** no início da história e um **X** no final dela.

 Diga aos colegas quem você achou mais esperto: o gato ou o sapo?

**Luís chamou Totó para tomar banho.
– Nossa! O que aconteceu?**

 Observe o quadro **azul** e conte o final da história. Depois, pinte a cena de que você mais gostou.

Três macaquinhos estão na mesma posição.

 Descubra quais são eles e circule-os.

Meio-dia
Macaco assobia
Panela no fogo
Barriga vazia.

Parlenda.

Camila de Godoy

– Qual é a parte que completa cada brinquedo?

 Descubra e ligue.

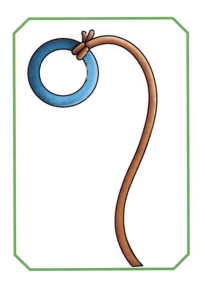
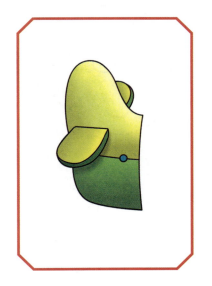

Desenhe este animalzinho contornando os tracejados. Depois, pinte o que está faltando.

**A carrocinha pegou
Três cachorros de uma vez.
A carrocinha pegou
Três cachorros de uma vez.**

**Tralá-lá-lá
Que gente é essa?
Tralá-lá-lá
Que gente má!**

Cantiga.

Descubra no primeiro quadro o brinquedo que não aparece no outro e marque-o com um **X**. Depois, ligue os brinquedos iguais.

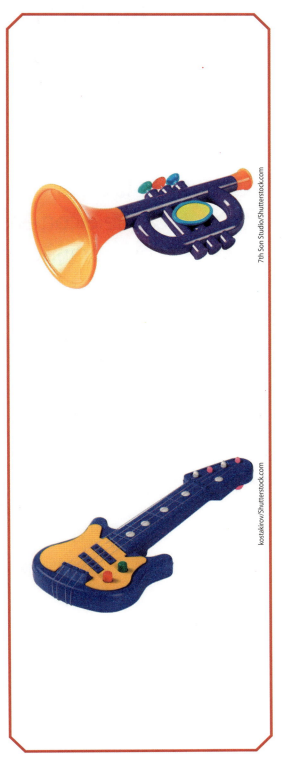

– Você sabe para que serve uma receita culinária?
– Na sua casa alguém usa receita culinária?

Acompanhe a leitura de uma receita culinária.

Vitamina de banana e morango

Ingredientes:
- 3 bananas;
- 12 morangos;
- 4 copos de leite.

Modo de fazer
- Descaque e corte as bananas.
- Lave os morangos e retire suas folhinhas.
- Bata todos os ingredientes no liquidificador.

*As bananas maduras adoçam a vitamina de forma natural.

Faça um desenho mostrando como ficou a receita depois de pronta.

Observe as imagens e circule os ingredientes usados na receita.

– Você conhece as personagens dessa tirinha? O que sabe sobre elas?

Escute a história e faça um **X** na parte que você achou mais engraçada.

As vogais

Vogal A

Molhe o dedo indicador em tinta guache e trace a vogal a sem sair do limite.

abelha

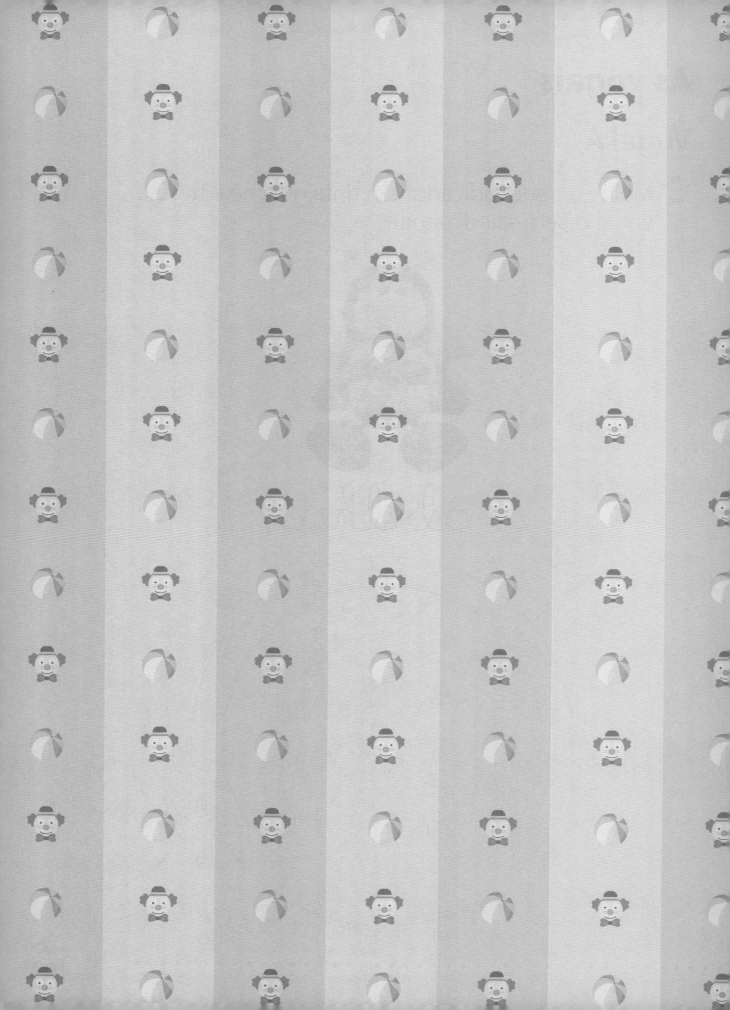

Trace a vogal a ligando os pontinhos com a cor indicada. Depois, pinte a abelhinha.

Ligue a abelhinha a cada vogal a.

Fale pausadamente o nome da figura e depois pinte as vogais a.

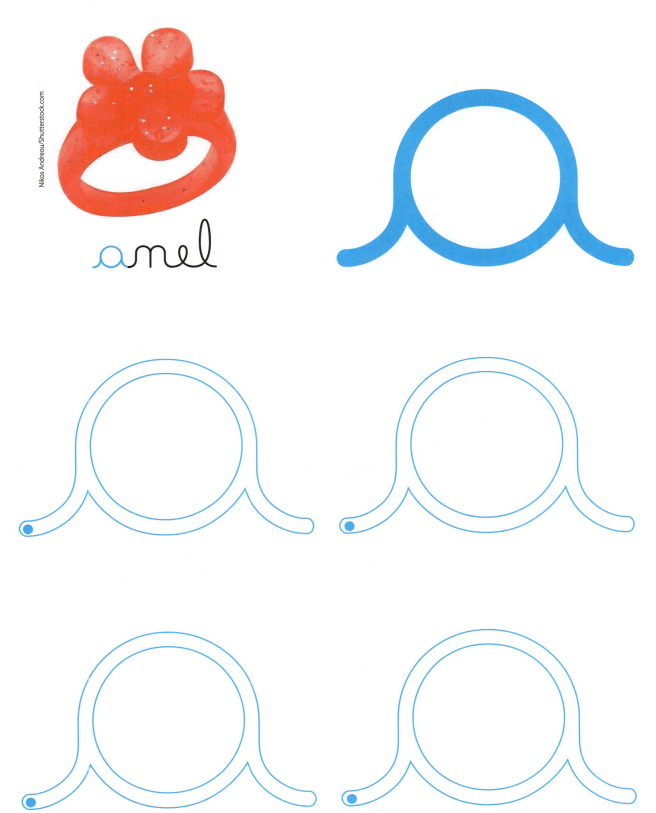

anel

Cubra os tracejados da vogal a. Depois, diga o nome da figura e pinte-a.

🤡 Fale o nome de cada figura. Depois, pinte apenas aquelas cujo nome começa com a vogal a.

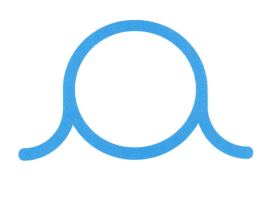

abacaxi

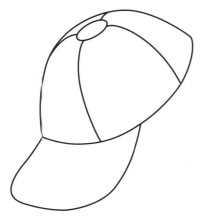
boné

abóbora

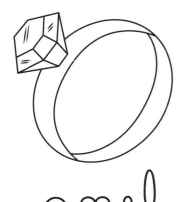
anel

Cubra o tracejado e escreva a vogal a nos quadros.

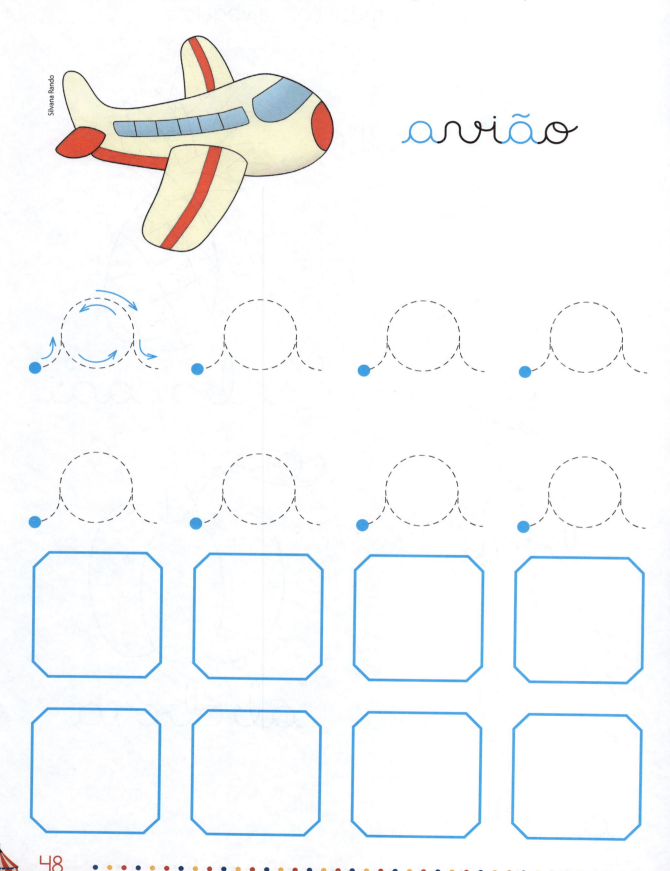

Escreva a vogal a dentro de cada abacaxi. Observe o modelo.

Pinte os espaços em que aparece a vogal a para descobrir uma figura cujo nome começa com essa letra.

– **Que figura você descobriu?**

 Agora, copie a vogal a.

Vogal E

🤡 Molhe o dedo indicador em tinta guache e trace a vogal *e* sem sair do limite.

esquilo

51

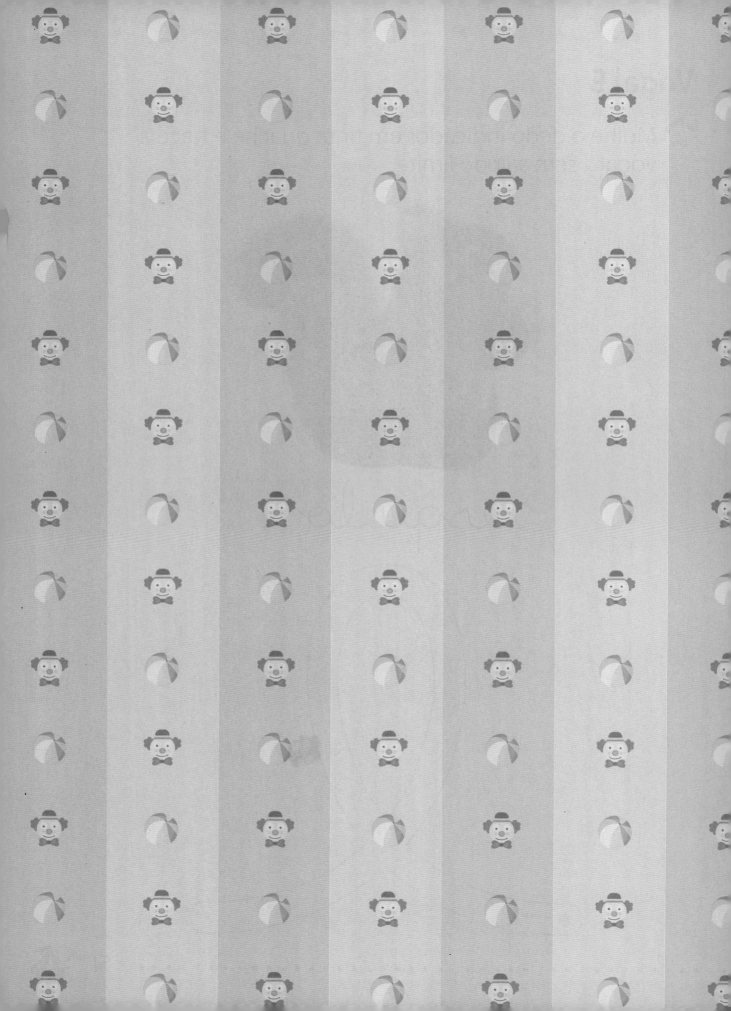

Trace a vogal *u* ligando os pontinhos com a cor indicada. Depois, pinte o esquilinho.

Ligue o esquilinho a cada vogal .

Fale pausadamente o nome da figura e depois pinte as vogais e.

Cubra os tracejados da vogal e. Depois, diga o nome da figura e pinte-a.

Fale o nome de cada figura. Depois, pinte apenas aquelas cujo nome começa com a vogal *e*.

espelho

doce

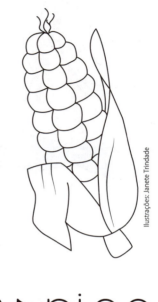

espiga

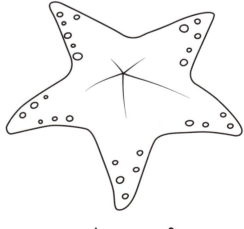

estrela

Cubra o tracejado e escreva a vogal e nos quadros.

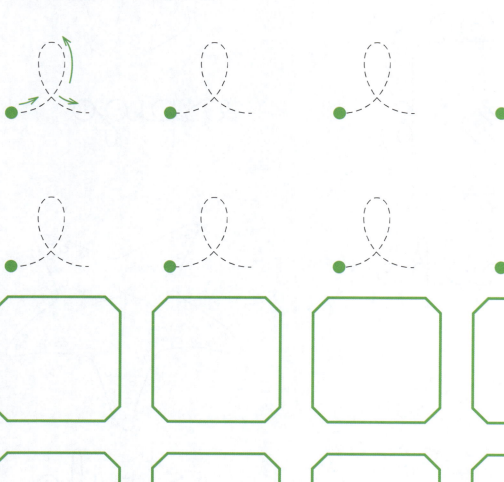

exercício

Escreva a vogal *i* dentro de cada escova. Observe o modelo.

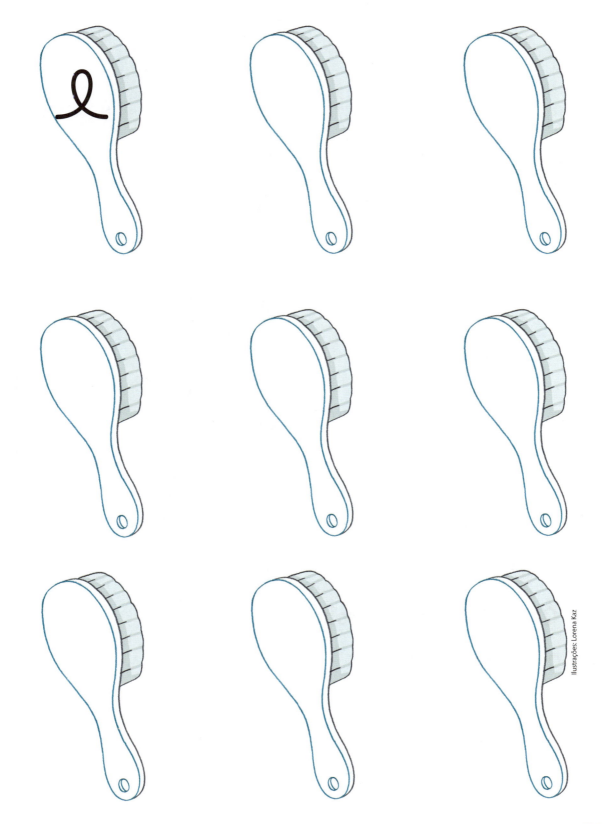

Pinte os espaços em que aparece a vogal e para descobrir uma figura cujo nome começa com essa letra.

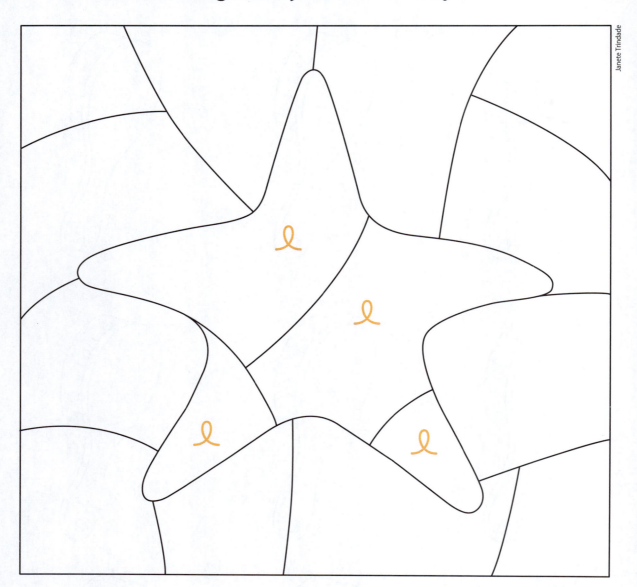

– Que figura você descobriu?

 Agora, copie as vogais.

Vogal I

Molhe o dedo indicador em tinta guache e trace a vogal i sem sair do limite.

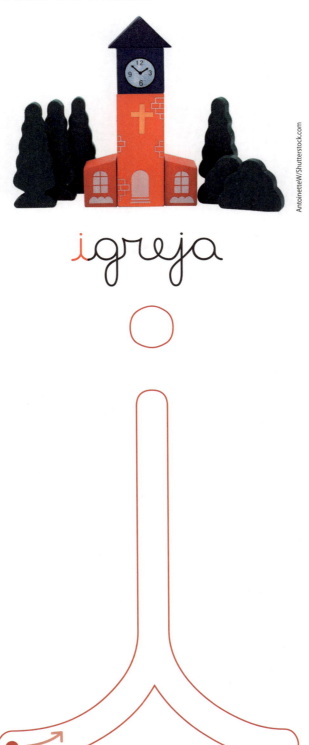

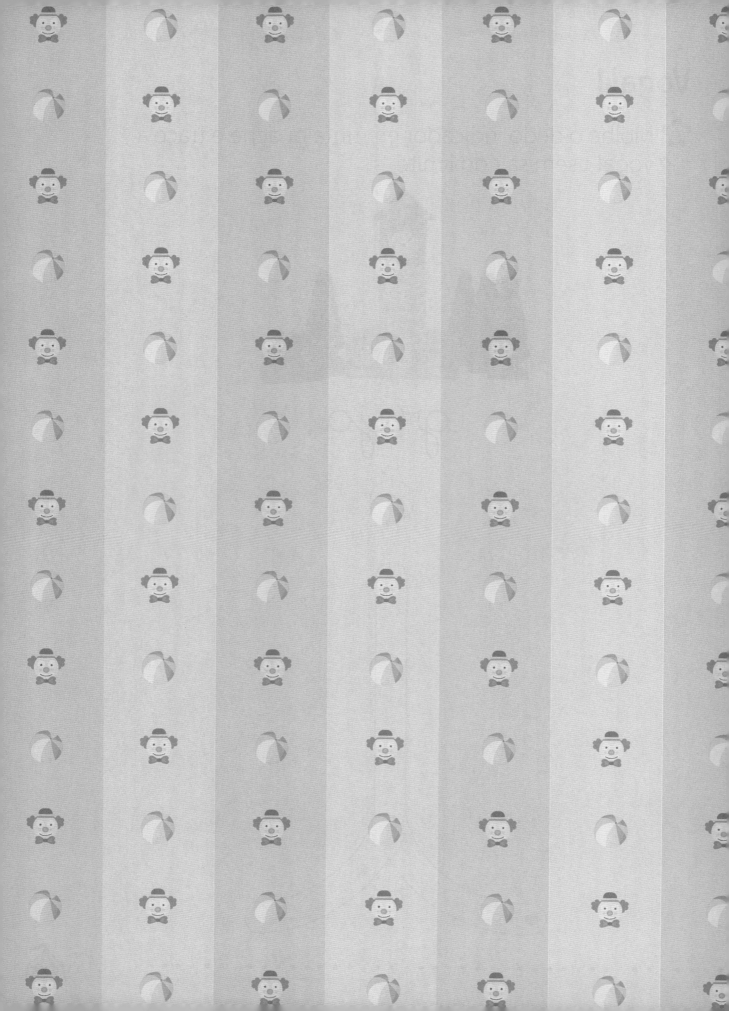

Trace a vogal i ligando os pontinhos com a cor indicada. Depois, pinte a igrejinha.

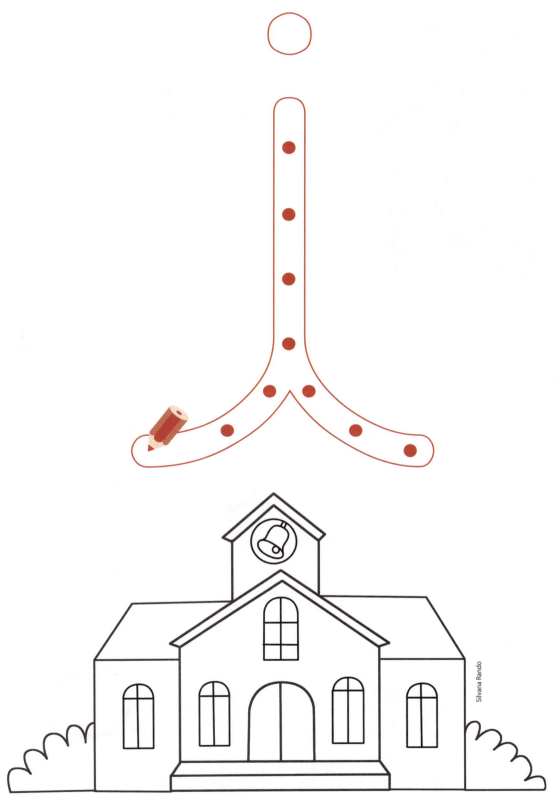

Ligue a igrejinha a cada vogal i.

🤡 Fale pausadamente o nome da figura e depois pinte as vogais i.

iogurte

65

🤡 Cubra os tracejados da vogal i. Depois, diga o nome da figura e pinte-a.

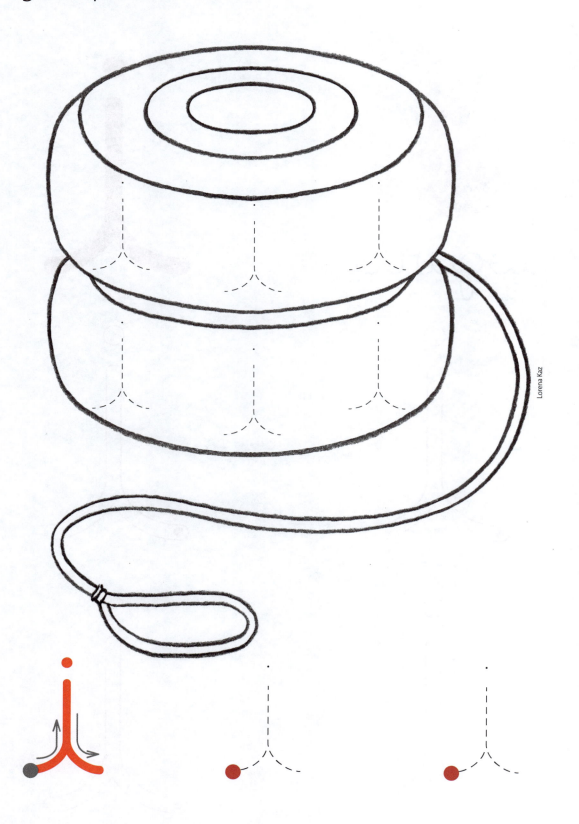

🤡 Fale o nome de cada figura. Depois, pinte apenas aquelas cujo nome começa com a vogal i.

i

acerola

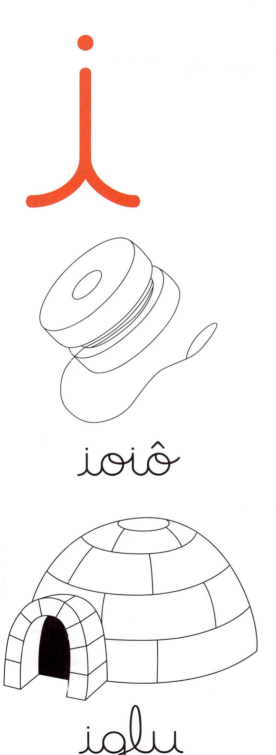

ioiô

iglu

índio

Cubra o tracejado e escreva a vogal i nos quadros.

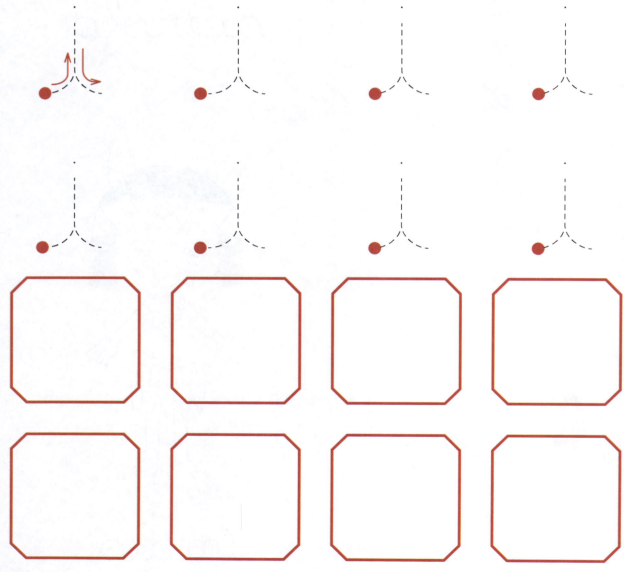

Escreva a vogal i dentro de cada igrejinha. Observe o modelo.

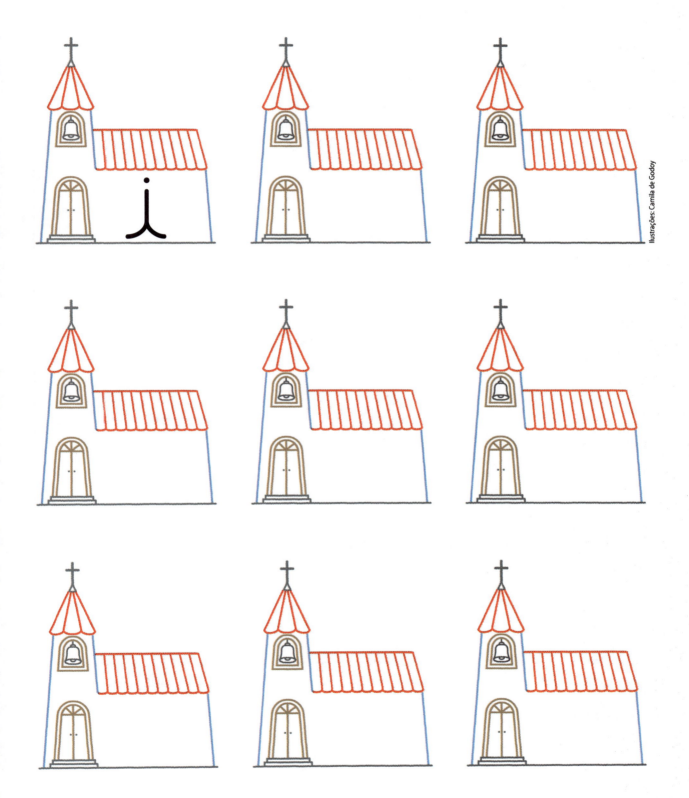

Pinte os espaços em que aparece a vogal i para descobrir uma figura cujo nome começa com essa letra.

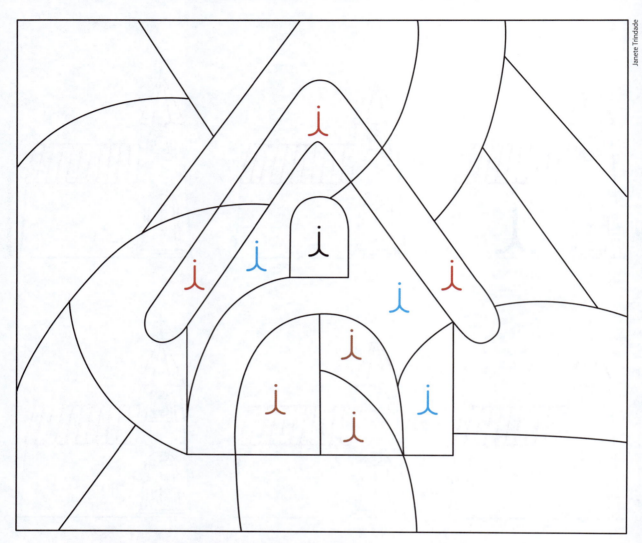

– Que figura você descobriu?

 Agora, copie as vogais.

Vogal O

Molhe o dedo indicador em tinta guache e trace a vogal o sem sair do limite.

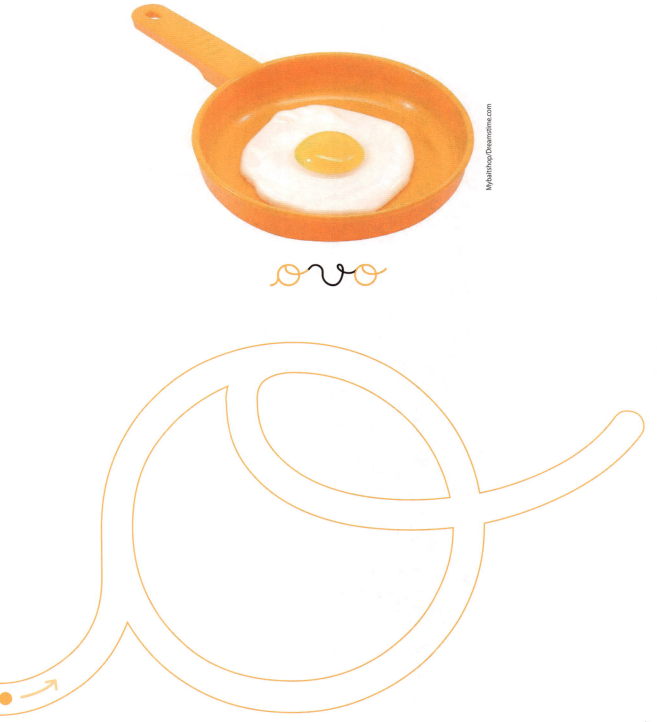

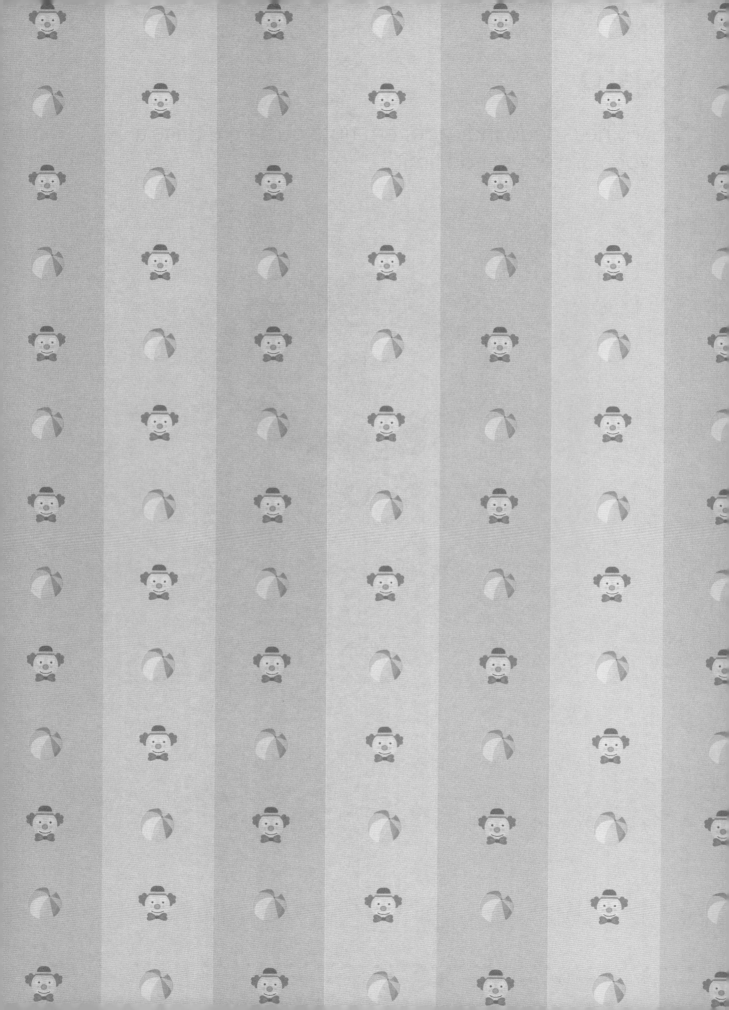

Trace a vogal o ligando os pontinhos com a cor indicada. Depois, pinte o ovinho.

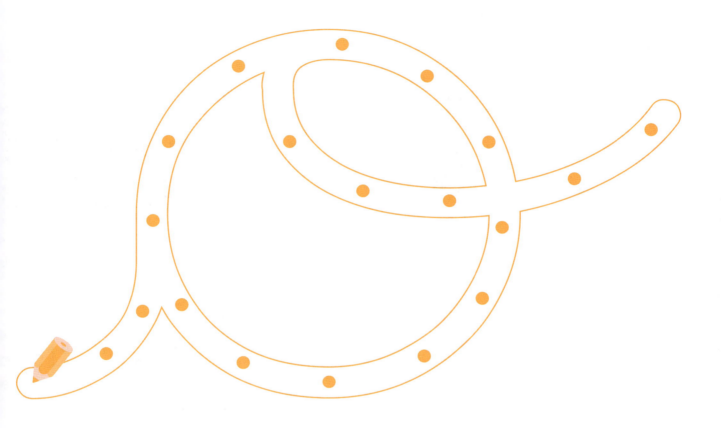

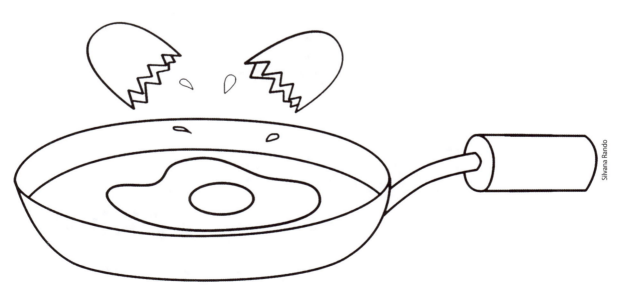

Ligue a ovelhinha a cada vogal .

Fale pausadamente o nome da figura e depois pinte as vogais o.

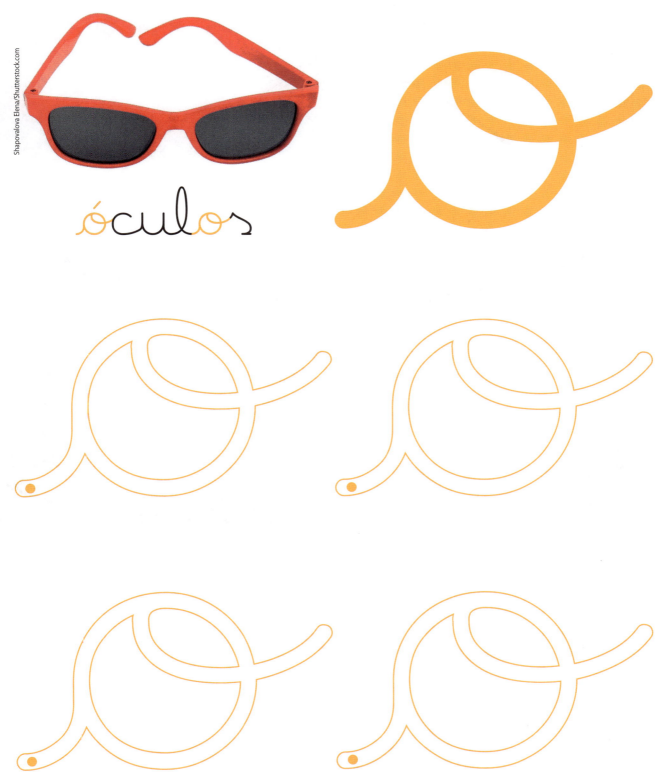

Cubra os tracejados da vogal o. Depois, diga o nome da figura e pinte-a.

Fale o nome de cada figura. Depois, pinte apenas aquelas cujo nome começa com a vogal o.

oca

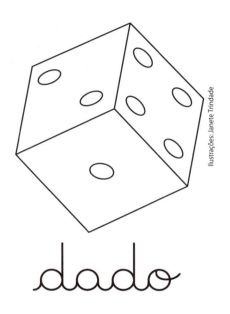

dado

ovelha

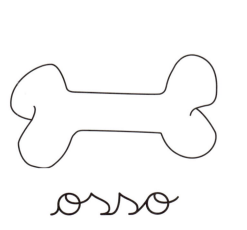

osso

Cubra o tracejado e escreva a vogal o nos quadros.

orelha

Escreva a vogal o dentro de cada oncinha. Observe o modelo.

Pinte os espaços em que aparece a vogal o para descobrir uma figura cujo nome começa com essa letra.

– Que figura você descobriu?

 Agora, copie as vogais.

a _____

e _____

i _____

o _____

Vogal U

Molhe o dedo indicador em tinta guache e trace a vogal u sem sair do limite.

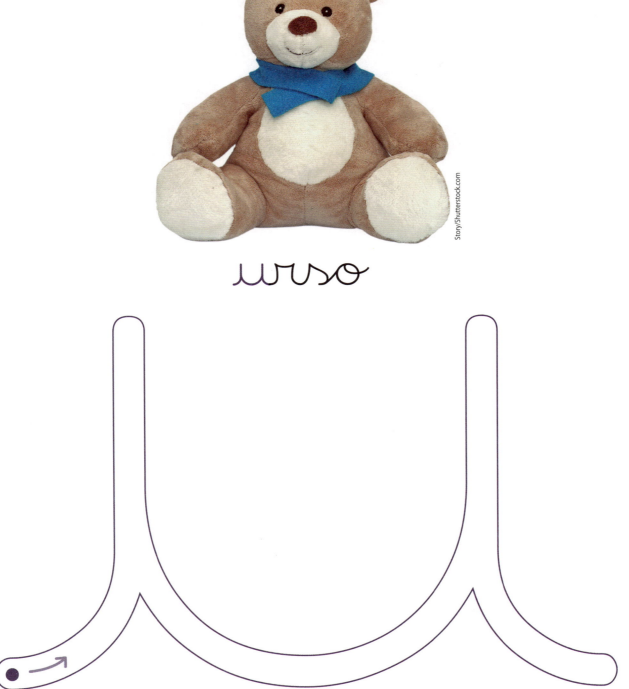

urso

Trace a vogal u ligando os pontinhos com a cor indicada. Depois, pinte o ursinho.

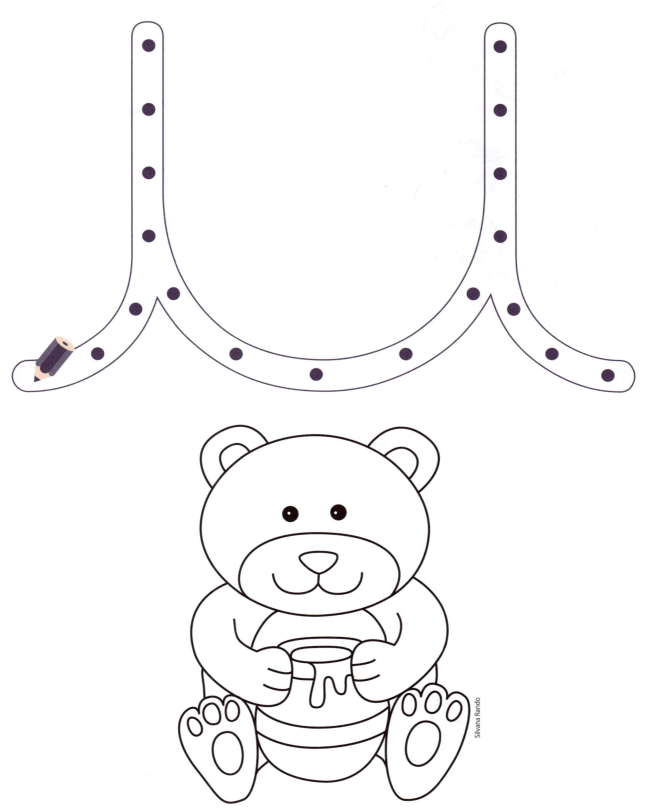

Ligue o ursinho a cada vogal u.

Fale pausadamente o nome da figura e depois pinte as vogais u.

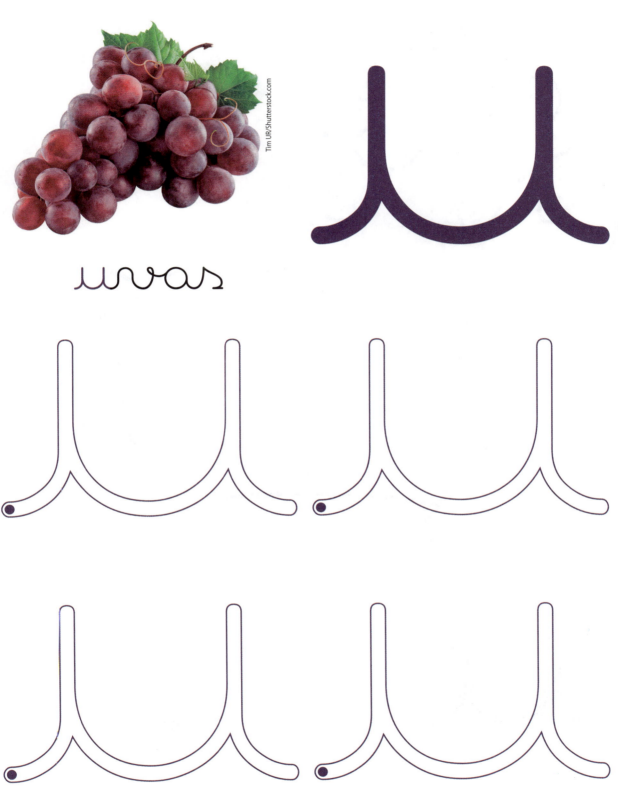

uvas

Cubra os tracejados da vogal u. Depois, diga o nome da figura e pinte-a.

Fale o nome de cada figura. Depois, pinte apenas aquelas cujo nome começa com a vogal u.

botão

urubu

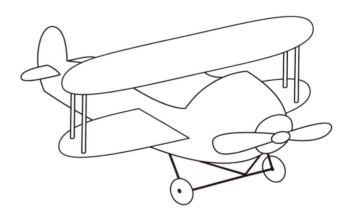
ultraleve

uvas

Cubra o tracejado e escreva a vogal u nos quadros.

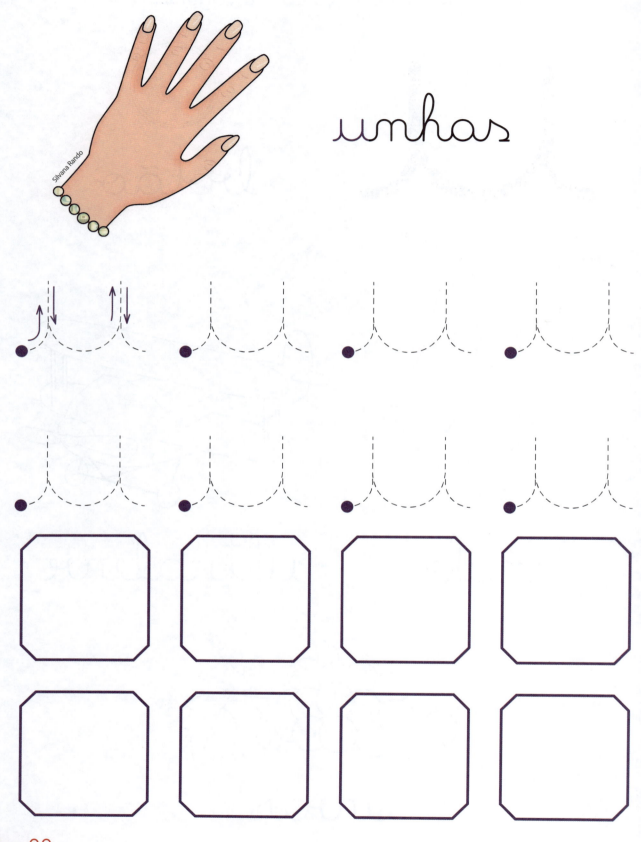

Escreva a vogal u dentro de cada unha. Observe o modelo.

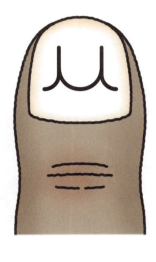 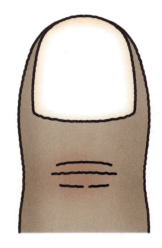 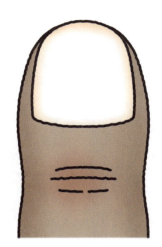

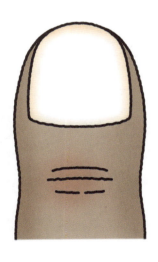 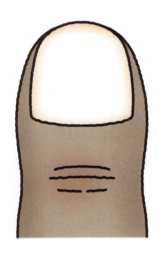 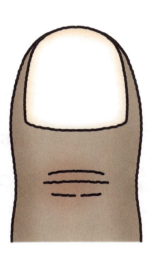

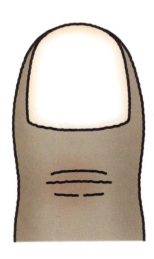 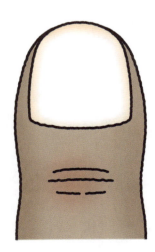 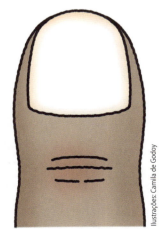

Pinte os espaços em que aparece a vogal u para descobrir uma figura cujo nome começa com essa letra.

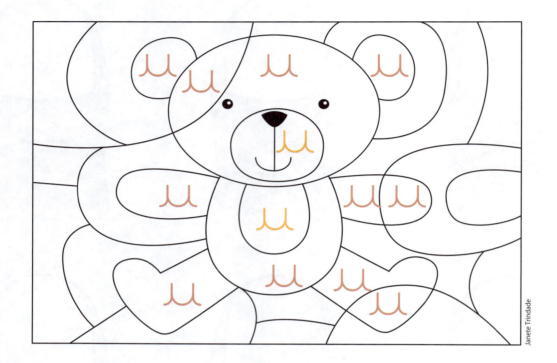

– **Que figura você descobriu?**

 Agora, copie as vogais.

a

e

i

o

u

Revisando as vogais

Pinte os balões de acordo com a legenda.

 Leve Maria até sua cadelinha passando por todas as vogais na sequência correta.

**A, e, i, o, u
Um pra mim
E um pra tu!**

Parlenda.

🤡 Cubra as vogais tracejadas com as cores indicadas.

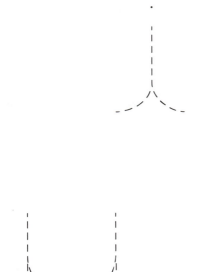
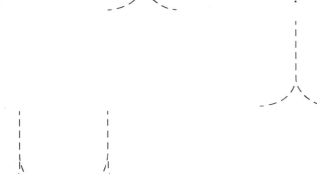
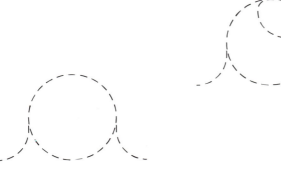
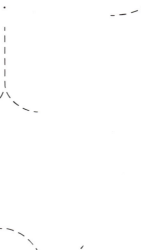
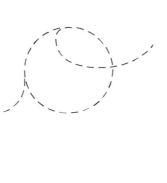
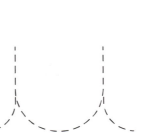
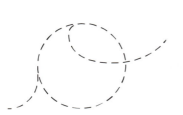

Em cada linha, circule as vogais iguais à do modelo.

Cubra os tracejados e copie as vogais.

– Com qual vogal se inicia o nome de cada figura?

 Fale o nome da imagem, pinte a letra inicial de cada palavra com lápis de cor e escreva-a no quadro.

 avião

 elefante

 ioiô

 ovelha

 urso

– Qual é a vogal que falta em cada roupinha?

 Descubra e escreva a resposta.

Juntando as vogais

Acompanhe a leitura do professor. Depois, leia a palavra que mostra o som que o cãozinho faz quando late e cubra o tracejado dela.

**Meu cãozinho pretinho
Tão pequenino e tão comilão.
Late muito o dia inteiro,
Querendo comer ração.**

Texto escrito especialmente para esta obra.

Ligue as palavras iguais e, depois, copie-as.

Veja o Daniel! Ele estava andando de bicicleta.
– Ai, ai!
– O que aconteceu?

Observe a cena e diga o que aconteceu com Daniel. Depois, leia a palavra que mostra o que o menino falou e cubra o tracejado dela.

Ligue as palavras iguais e, depois, copie-as.

**Veja a Talita! Ela estava enchendo um balão.
E foi enchendo, enchendo, enchendo, quando...
– Ui!
– Por que a menina se assustou?**

Observe a cena e diga o que aconteceu. Depois, leia a palavra que mostra o que Talita falou e cubra o tracejado dela.

Ligue as palavras iguais e, depois, copie-as.

– **Eu sou Anita!**
– **Eu sou bonita!**
– **Eu!**
Dizia a menina olhando-se no espelho.

 Observe a cena. Depois, leia a palavra *eu* e cubra o tracejado dela.

Ligue as palavras iguais e, depois, copie-as.

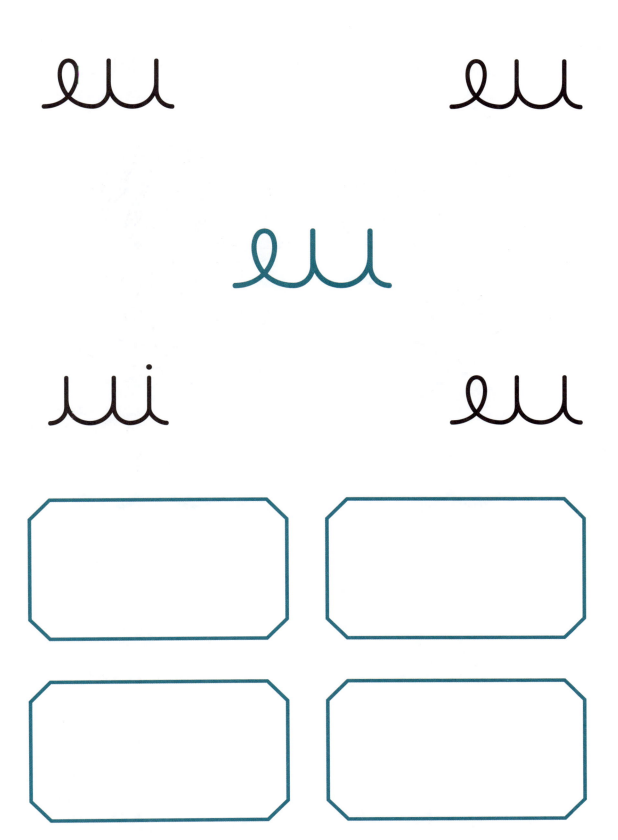

– Ei!
– Oi!

Observe a cena e dramatize-a com um colega. Depois, leia as palavras ei e oi e cubra o tracejado delas.

Cubra as palavras tracejadas e ligue-as aos modelos. Depois, copie-as.

Continue colorindo a vela dos barcos de acordo com o modelo. Observe que palavras iguais são pintadas com cores iguais.

🤡 Em cada linha, ligue somente as vogais que formam a palavra em destaque.

Ligue as palavras iguais usando giz de cera.

É tempo de Matemática

Uni, duni, tê,
Salamê minguê,
Um sorvete colorê,
O escolhido foi você.

Parlenda.

SUMÁRIO

Coordenação visomotora 113
Igual e diferente 117
Análise e síntese 120

Cores 121

Dimensão 132
Maior, menor e mesmo tamanho 132
Grande, pequeno e mesmo tamanho 134
Curto e comprido 137
Alto e baixo 139

Posição 140
Perto e longe 140
Dentro e fora 141
Em cima e embaixo 143
Aberto e fechado 145
Mesma direção 147

Orientação temporal 148

Quantidade 149

Mais e menos 149
Mesma quantidade e quantidades diferentes 151
Muito e pouco 152

Medidas 153
Cheio e vazio 153
Leve e pesado 154

Espessura 155
Grosso e fino 155
Largo e estreito 156

Noções de Geometria 157
Linhas curvas abertas e linhas curvas fechadas 157
Círculos, quadrados e triângulos 159

Números 163
Números de 0 a 9 163
Revisando os números 206

Vamos contar! 210

Coordenação visomotora

Cubra cada tracejado com a cor indicada e sem sair do limite.

– Onde vamos guardar os lacinhos?

Pinte cada caixa com a cor indicada. Depois, observe as cores e ligue os lacinhos às respectivas caixas.

Descubra qual boneca foi feita com as peças do quadro e circule a resposta.

As imagens parecem iguais, não é? Mas há 3 diferenças entre elas.

- Encontre as diferenças e faça um **X** sobre elas na segunda imagem.

- Depois, pinte um círculo para cada **diferença** encontrada.

Igual e diferente

Ligue os patinhos **iguais** e circule o patinho **diferente**.

**Na beira do lago
Parei para olhar
Os patinhos felizes
Que sabem nadar.**

Quadrinha.

Pinte em cada grupo a figura **diferente**.

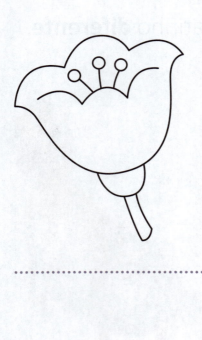  

 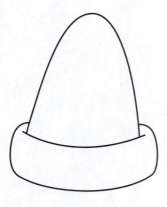 

Ilustrações: Camila Sampaio

Alice tem um gato dengoso e fofinho.

🤡 Observe as duas imagens de Alice e seu gato e descubra as **diferenças** entre elas.

🤡 Para cada **diferença** encontrada, faça um **X** e pinte uma bolinha.

Análise e síntese

Observe as partes do brinquedo que estão nos quadros. Depois, encontre-as no brinquedo e ligue-as.

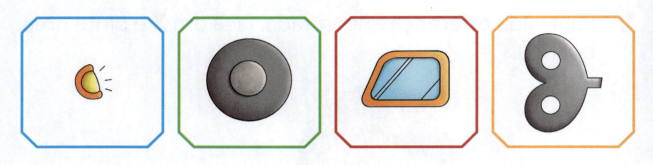

Cores

Artur coleciona carrinhos vermelhos.

🤡 Termine de pintar os carrinhos da coleção de Artur.

– **Vamos formar um conjunto de brinquedos vermelhos?**

Com o lápis **vermelho**, ligue as imagens dos brinquedos que são da mesma cor.

Pirulito está fazendo palhaçadas com os malabares azuis.

Continue pintando os malabares de Pirulito.

– Vamos formar um conjunto de brinquedos azuis?

Com o lápis **azul**, ligue as imagens dos brinquedos que são da mesma cor.

Os filhotes da dona Galinha são todos amarelinhos.

Termine de pintar os filhotes da dona Galinha.

– Vamos formar um conjunto de brinquedos amarelos?

Com o lápis **amarelo**, ligue as imagens dos brinquedos que são da mesma cor.

Hoje, Bete arrumou suas bonecas com vestidinhos verdes.

Termine de pintar os vestidinhos das bonecas de Bete.

– Vamos formar um conjunto de brinquedos verdes?

Com o lápis **verde**, ligue as imagens dos brinquedos que são da mesma cor.

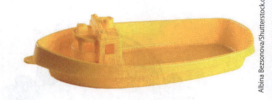

Ligue os ursinhos que vestiram roupa da mesma cor. Depois, circule os que estão com roupa **verde**.

— Você sabia que misturando algumas cores conseguimos outras cores diferentes?

- Com o professor e os colegas, experimente juntar as cores indicadas para formar novas cores.

- Depois, fale o nome de cada cor formada e pinte a fruta ao lado com ela.

 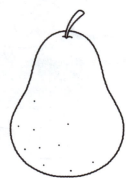

Termine de pintar cada balão com a mesma cor da camisa do dono. Depois, faça um **/** no quadrinho da criança que tem o balão **amarelo**.

Dimensão

Maior, menor e mesmo tamanho

- Ligue o gato **maior** ao prato **maior**.
- Ligue o gato **menor** ao prato **menor**.
- Pinte os pratos que têm o **mesmo tamanho**.

Acompanhe a leitura do professor. Depois, pinte os passarinhos de acordo com os modelos. Observe que a cor varia conforme o tamanho do passarinho.

**Voa, voa, passarinho
Se tu já queres voar.
Os pezinhos pelo chão
E as asinhas pelo ar.**

Quadrinha.

Grande, pequeno e mesmo tamanho

Em cada quadro, circule o que é **grande** e faça um **X** no que é **pequeno**.

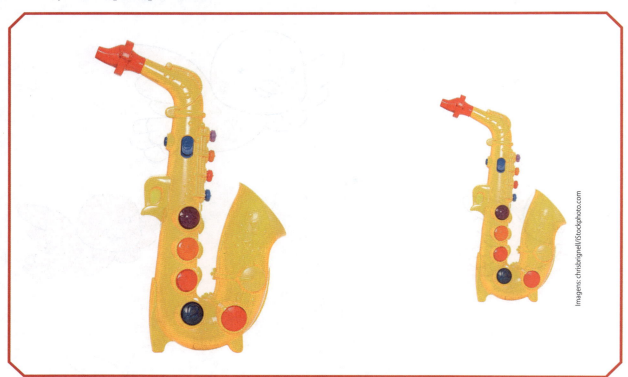

Os coelhinhos vão comer cenouras.
– Qual coelhinho vai comer a cenoura grande?

 Ligue cada coelho a uma cenoura observando o tamanho.

Bruno vai brincar na praia.
– Veja a boia de Bruno!

Pinte as boias que são do **mesmo tamanho** da boia de Bruno.

Agora, ligue os baldinhos que são do mesmo tamanho.

Curto e comprido

🤡 Cubra a linha de cada vara de pescar.

🤡 Circule o gato dono da vara que tem a linha mais **comprida** e pinte o peixe dele de **azul**.

🤡 Agora, faça um **X** no gato dono da vara da linha mais **curta** e pinte o peixe dele de **amarelo**.

 Use tinta e cotonete para fazer bolinhas na tromba de cada elefante.

– Em qual tromba você fez mais bolinhas? Por quê?

 Circule o elefante que tem a tromba mais comprida.

Alto e baixo

As crianças estão comprando picolé!

- Desenhe um chapéu na cabeça da criança mais **alta** e circule a mais **baixa**.
- Faça um **/** na borboleta que voa mais **alto**.

Posição

Perto e longe

Observe os personagens.
– Você conhece essa história?
– Vamos recontá-la todos juntos?

Leve o lobo até cada porquinho. Depois, circule o porquinho que está mais **perto** do lobo e faça um **/** no porquinho que está mais **longe** do lobo.

Conte os porquinhos e, para cada um, desenhe uma casinha abaixo.

Dentro e fora

Circule os brinquedos que estão **dentro** das caixas. Depois, descubra onde guardar os outros brinquedos e ligue cada um a sua caixa.

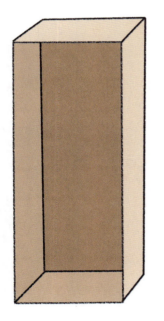

– **Veja as crianças brincando!**

🤡 Pinte de **vermelho** a roupa dos bonequinhos que estão **dentro** da caixa.

🤡 Pinte de **verde** a roupa dos bonequinhos que estão **fora** da caixa.

🤡 Agora, desenhe um palito na mesma posição para representar cada boneco.

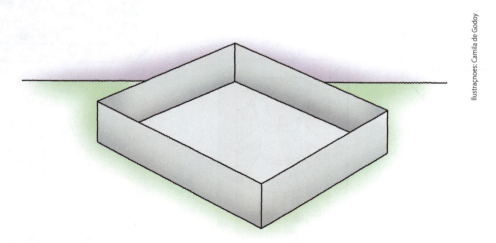

Em cima e embaixo

O palhaço Xuxu gosta de fazer malabarismo em cima da bola.

 Pinte o chapéu do Xuxu de **azul** quando ele estiver **em cima** da bola.

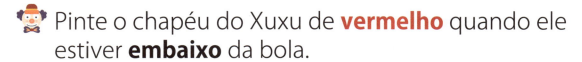 Pinte o chapéu do Xuxu de **vermelho** quando ele estiver **embaixo** da bola.

🤡 Enfeite a imagem colando pedacinhos de papel picado no potinho que está mais **em cima** de todos.

🤡 Desenhe bolinhas coloridas no potinho que está mais **embaixo** de todos.

Aberto e fechado

– **Cuidado, pintinho! Cuidado com o jacaré!**

- Pinte de **verde** os jacarés que estão com a boca **fechada**.
- Pinte de **marrom** o jacaré que está com a boca **aberta**.

– **Veja os bebês!**

Ligue os bebês que estão com os olhos **abertos** e circule o que está com os olhos **fechados**.

Faça um **/** nos bebês que estão com a boca **aberta**.

Mesma posição

Lili é professora de balé.
– Vamos imitar a posição de Lili e a posição de cada bailarino?

🤡 Circule os bailarinos que estão na **mesma posição** de Lili.

🤡 Depois, faça um **/** nos bailarinos que estão em **posição diferente** de Lili.

147

Orientação temporal

– Que macaco mais guloso!

🤡 Observe as cenas e crie uma história oral para o macaquinho.

🤡 O **começo** da história tem uma ○ pintada. Pinte duas ○○ para mostrar o **meio** da história e três ○○○ para mostrar o **fim** dela.

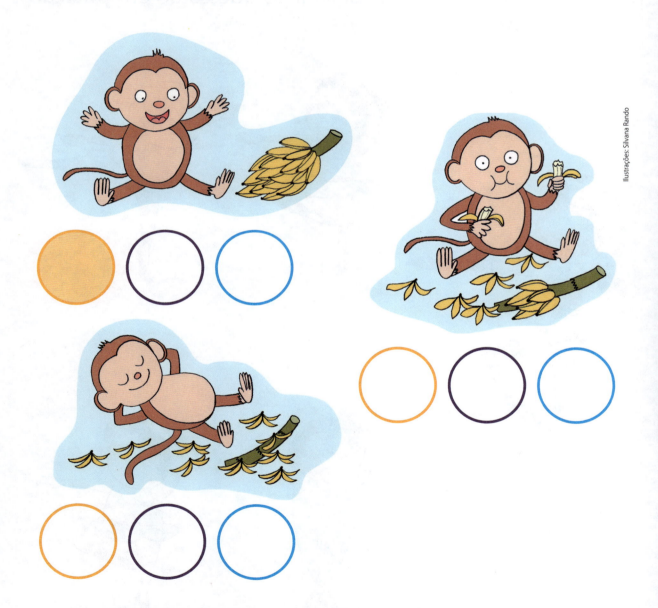

– Vamos dar um nome ao macaquinho?

Quantidade

Mais e menos

**Davi e Pepeu estão brincando com blocos.
Davi é o menino que tem mais blocos.**

 Pinte os blocos de Davi de **azul**.

Pepeu é o menino que tem menos blocos.

 Pinte os blocos de Pepeu de **verde**.

Circule as libélulas **azuis** e faça um **/** nas **amarelas**.

– Há mais libélulas azuis ou amarelas?

 Responda fazendo um **X** no quadrinho certo.

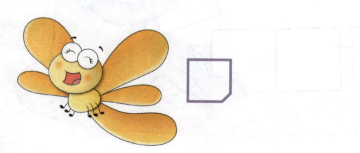 

Mesma quantidade e quantidades diferentes

– Oba! Mamãe comprou ameixas para as crianças. Cada criança ganhará a mesma quantidade de ameixas.

 Ligue cada criança a um saco observando a quantidade de ameixas.

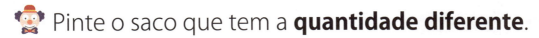 Pinte o saco que tem a **quantidade diferente**.

Muito e pouco

Circule de **vermelho** a cesta em que há **poucos** morangos e de **verde**, a cesta em que há **muitos** morangos.

Agora, ligue cada cesta a um pote observando a quantidade de morangos e de geleia em cada pote.

Medidas

Cheio e vazio

Dudu vai brincar com o carrinho que está cheio de frutas.

 Ligue o menino ao carrinho que está **cheio** e faça um **X** no carrinho **vazio**.

Leve e pesado

Em cada quadro, pinte o animal que você considera mais **pesado** e circule o que você considera mais **leve**.

Espessura
Grosso e fino

 Ligue os novelos observando a espessura das linhas.

 Agora, circule os novelos que têm linhas **grossas** e faça um **/** nos novelos de linhas **finas**.

Largo e estreito

– **Bi-bi!**
– **Sobre qual estrada andará cada carrinho?**

Ligue cada carro a uma estrada observando a largura delas.

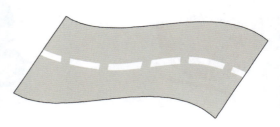

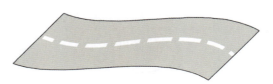

Noções de Geometria

Linhas curvas abertas e linhas curvas fechadas

Talita está brincando no parque.
– Vamos acompanhar o caminho que ela percorrerá?

 Cubra o tracejado com canetinha hidrocor.

– Você formou uma linha curva fechada!

**Daniel também está brincando no parque.
– Vamos acompanhar o caminho que ele percorrerá?**

Cubra o tracejado com canetinha hidrocor.

– Você formou uma linha curva aberta!

Círculos, quadrados e triângulos

Pinte a moldura do quadro com a cor indicada. Depois, cubra os tracejados e desenhe mais **círculos**.

Pinte a moldura do quadro com a cor indicada. Depois, cubra os tracejados e desenhe mais **quadrados**.

Pinte a moldura do quadro com a cor indicada. Depois, cubra os tracejados e desenhe mais **triângulos**.

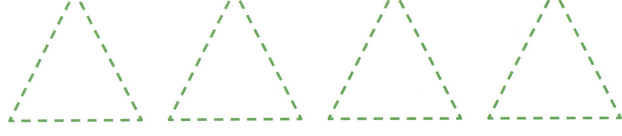

 Pinte as figuras observando forma e cor para que fiquem iguais.

 Depois, ligue as figuras de forma e cor iguais.

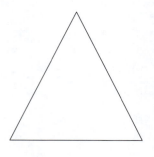

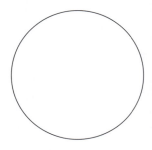

Ilustrações: Camila de Godoy

 Faça um **/** no ratinho que está segurando o círculo e um **X** no que está segurando o triângulo.

Números

Números de 0 a 9

Pinte os números 0 com giz de cera. Escolha as cores e comece a pintar pelo ponto.

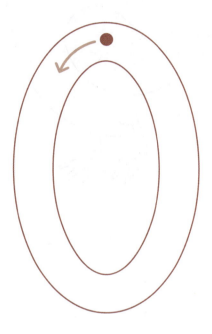
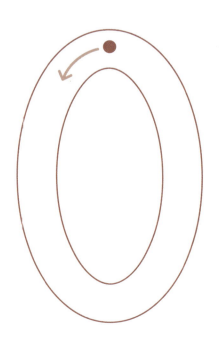
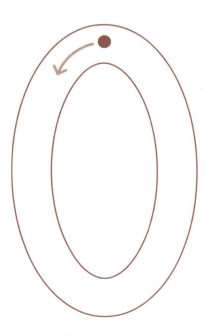

– Quantos pintinhos esta galinha tem?

Cubra o tracejado do número 0.

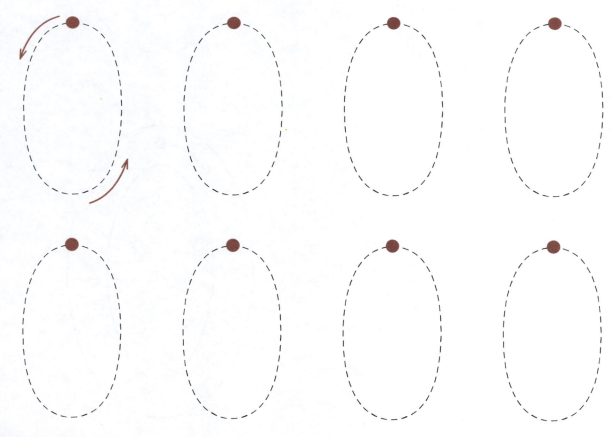

Pinte as gaiolas que têm o número 0.

 Agora, copie o número 0.

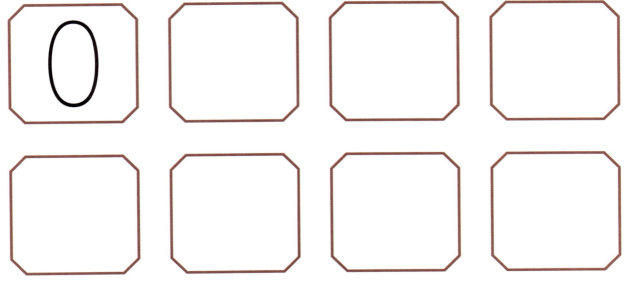

Pinte os números 1 com giz de cera. Escolha as cores e comece a pintar do ponto.

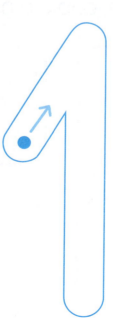

– **Quantos cavalinhos?**

🤡 Conte em voz alta apontando o cavalinho.

🤡 Depois, pinte uma bolinha para cada cavalinho.

🤡 Cubra o tracejado do número 1.

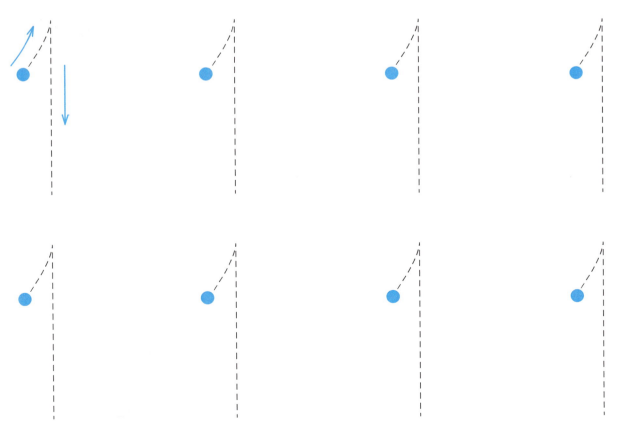

🤡 Pinte as tartaruguinhas que têm o número 1.

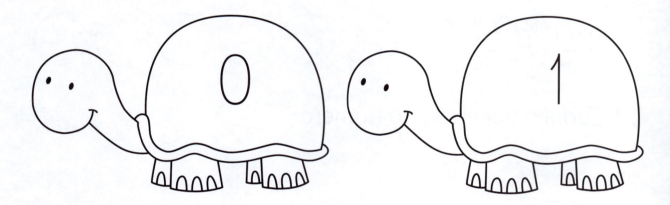

🤡 Agora, copie o número 1.

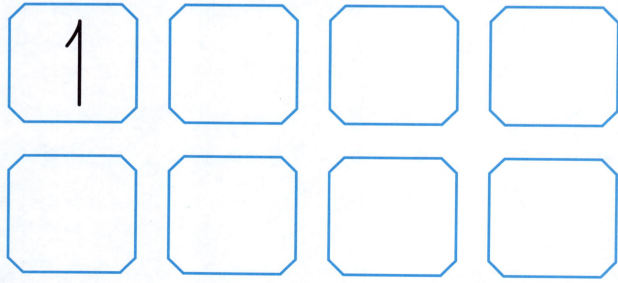

– **Vamos contar quantos bichinhos há em cada quadro?**

 Desenhe um palito para cada bichinho.

 Cubra o número que corresponde à quantidade de bichinhos.

Pinte os números 2 com giz de cera. Escolha as cores e comece a pintar do ponto.

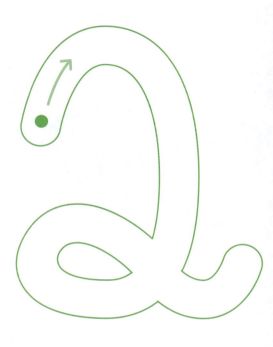

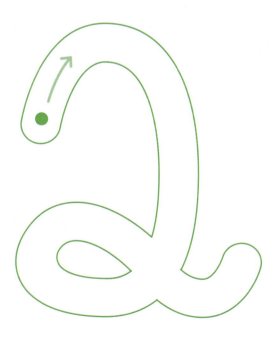

— **Quantos barquinhos?**

Conte 1, 2 em voz alta apontando cada barquinho.

Depois, pinte uma bolinha para cada barquinho.

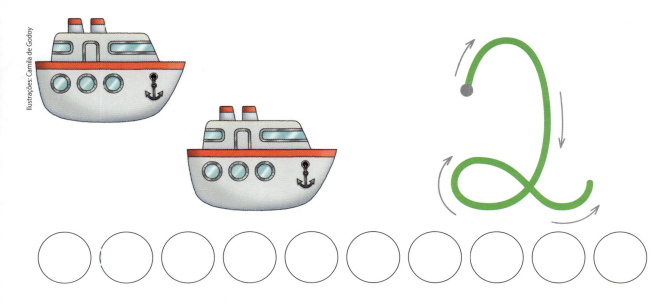

Cubra o tracejado do número 2.

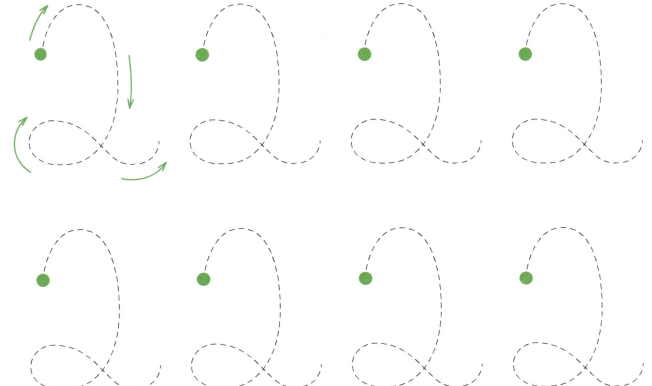

Pinte os gatinhos que têm o número 2.

Agora, copie o número 2.

– **Vamos contar quantas frutinhas há em cada prato?**

- Desenhe um palito para cada frutinha.
- Cubra o número que corresponde à quantidade de frutinhas.

 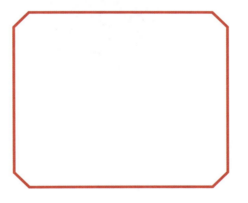 

Pinte os números 3 com giz de cera. Escolha as cores e comece a pintar do ponto.

— **Quantas xícaras de chá a menina tem?**

Conte 1, 2, 3 em voz alta apontando para cada xícara.

Depois, pinte uma bolinha para cada xícara.

Cubra o tracejado do número 3.

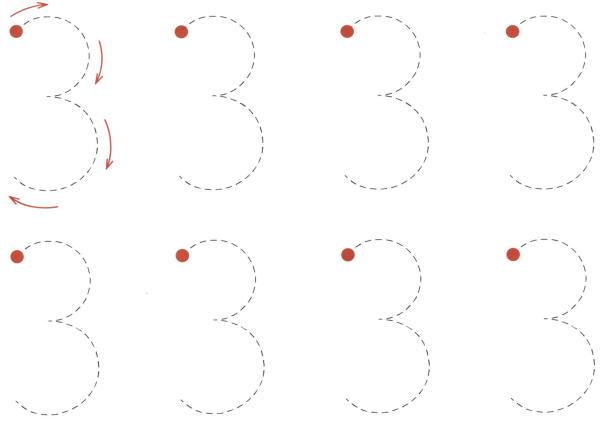

175

Pinte as xícaras que têm o número 3.

Agora, copie o número 3.

– **Vamos contar quantos peixinhos há em cada aquário?**

 Desenhe um palito para cada peixinho.

 Cubra o número que corresponde à quantidade de peixinhos.

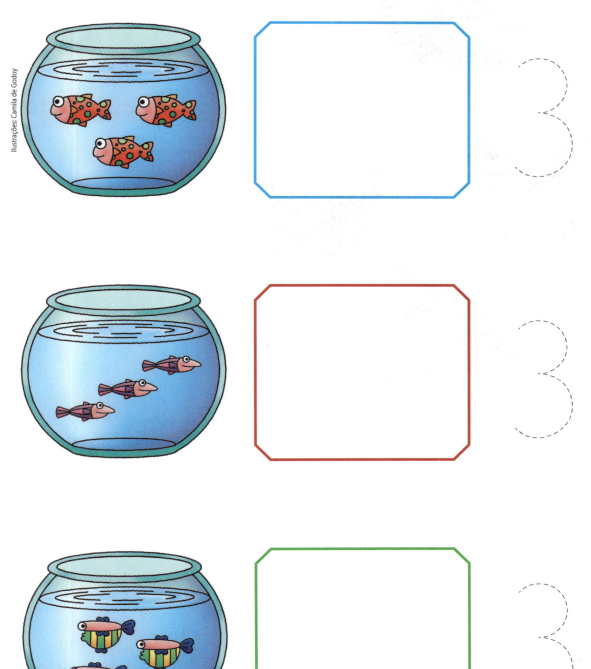

Pinte os números 4 com giz de cera. Escolha as cores e comece a pintar pelo ponto.

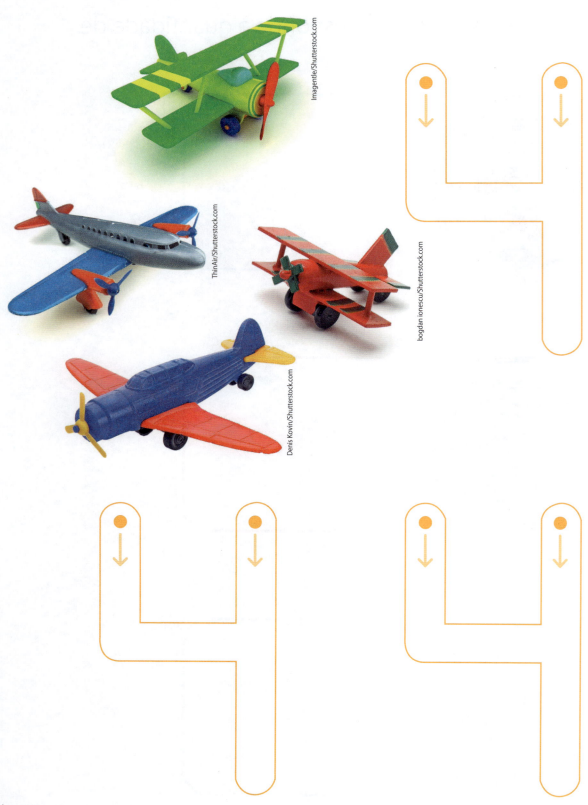

– **Quantas maçãs o menino tem na cesta?**

Conte 1, 2, 3, 4 em voz alta apontando cada maçã.

Depois, pinte uma bolinha para cada maçã.

Cubra o tracejado do número 4.

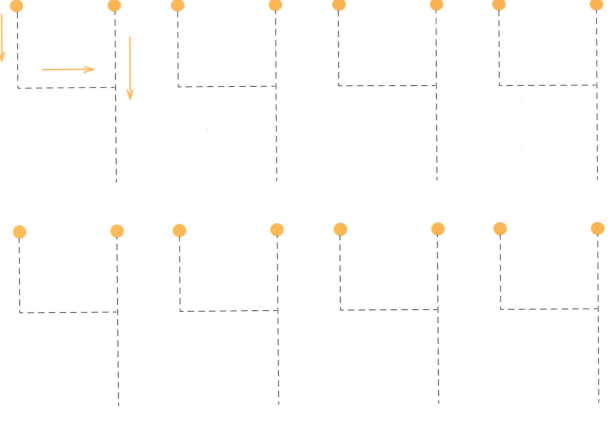

Pinte as maçãs que têm o número 4.

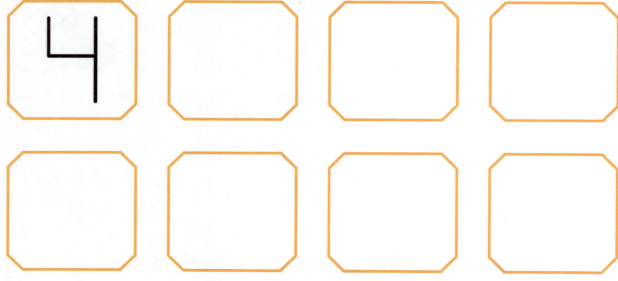 Agora, copie o número 4.

– **Vamos contar quantas pintas há em cada joaninha?**

- Desenhe um palito para cada pinta.
- Cubra o número que corresponde à quantidade de pintas.

Pinte os números 5 com giz de cera. Escolha as cores e comece a pintar pelo ponto.

– **Quantos gizes de cera a menina tem?**

 Conte 1, 2, 3, 4, 5 em voz alta apontando cada giz.

Depois, pinte uma bolinha para cada giz.

Cubra o tracejado do número 5.

Pinte os gizes de cera que têm o número 5.

 Agora, copie o número 5.

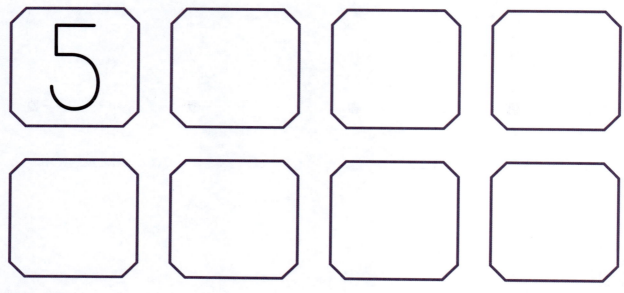

– **Vamos contar quantos pontos cada criança marcou?**

- Desenhe um palito para cada ponto.
- Cubra o número correspondente à quantidade de pontos.

– **Contar é divertido!**
Agora você já conhece os números 0, 1, 2, 3, 4 e 5.

Conte quantas bolinhas cada criança tem. Depois, ligue-as ao número correspondente a essa quantidade.

– **Vamos contar quantos animais há em cada balão?**
– **Quantos dedinhos estão levantados em cada mãozinha?**

Cubra os números e ligue-os à mãozinha que representa a mesma quantidade.

Pinte em cada grupo a quantidade de borboletinhas indicada pelo número.

Henrique vai comer 5 biscoitos de aveia.

Conte quantos biscoitos há em cada pratinho e faça um **X** no prato que o menino deve escolher.

Agora, cubra o tracejado dos números de 0 a 5.

Pinte os números 6 com giz de cera. Escolha as cores e comece a pintar pelo ponto.

– **Quantas formiguinhas a menina vê na fila?**

Conte 1, 2, 3, 4, 5, 6 em voz alta apontando cada formiguinha.

Depois, pinte uma bolinha para cada formiguinha.

Cubra o tracejado do número 6.

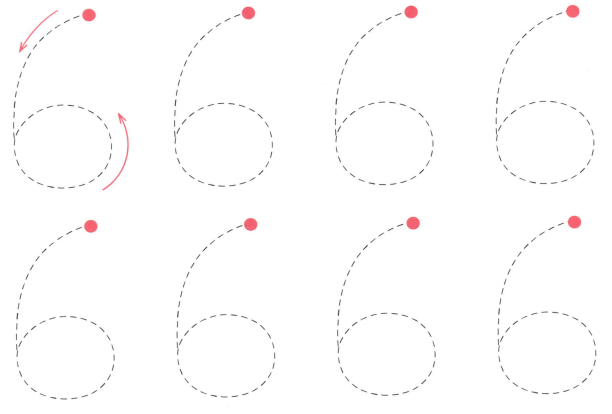

Pinte as formiguinhas que têm o número 6.

Agora, copie o número 6.

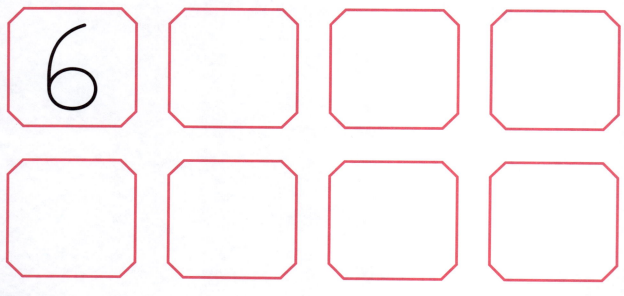

– **Vamos contar quantos morangos há em cada saquinho?**

 Desenhe um palito para cada morango.

 Cubra o número correspondente à quantidade de morangos de cada saquinho.

 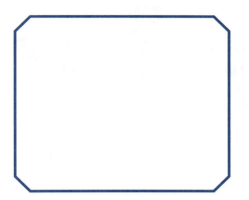 

 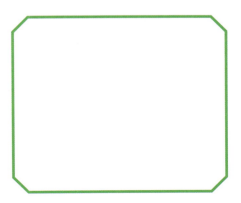 

Pinte os números 7 com giz de cera. Escolha as cores e comece a pintar pelo ponto.

– **Quantos trenzinhos o menino tem?**

Conte 1, 2, 3, 4, 5, 6, 7 em voz alta apontando cada trenzinho.

Depois, pinte uma bolinha para cada trenzinho.

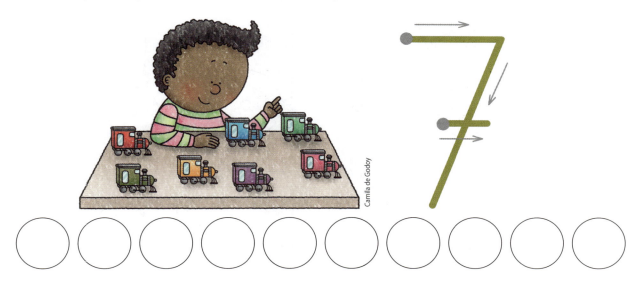

Cubra o tracejado do número 7.

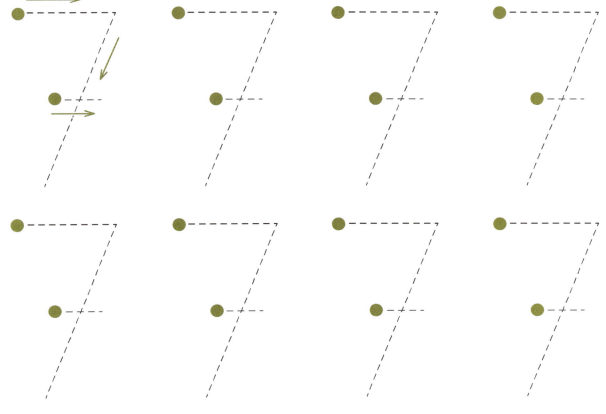

Pinte os trenzinhos que têm o número 7.

 Agora, copie o número 7.

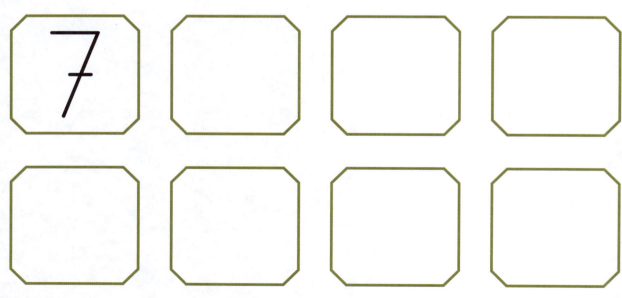

– **Vamos contar quantas bolinhas cada palhacinho tem?**

- Desenhe um palito para cada bolinha.
- Cubra o número correspondente à quantidade de bolinhas.

 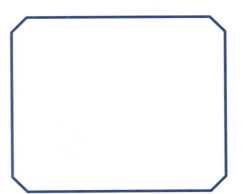 

 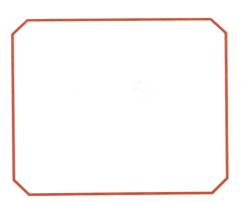 

 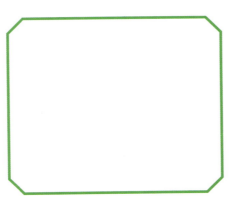 

Pinte os números 8 com giz de cera. Escolha as cores e comece a pintar pelo ponto.

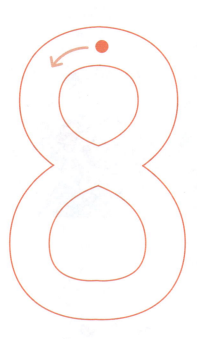
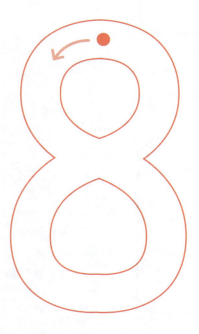
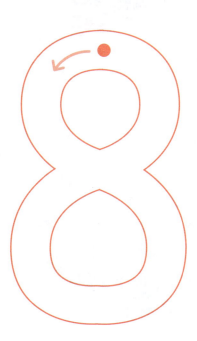

– Quantas flores a menina tem?

Conte 1, 2, 3, 4, 5, 6, 7, 8 em voz alta apontando cada florzinha.

Depois, pinte uma bolinha para cada florzinha.

Cubra o tracejado do número 8.

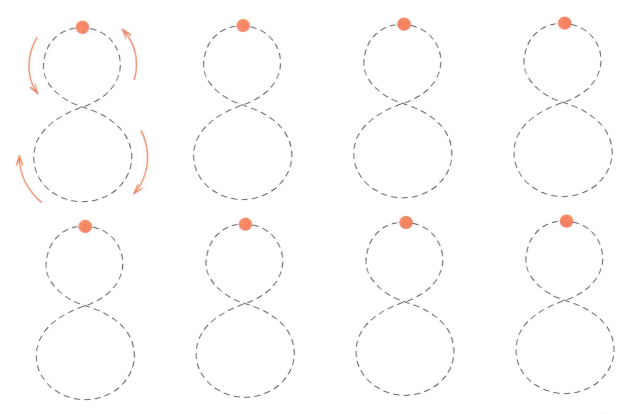

Pinte as flores que têm o número 8.

 Agora, copie o número 8.

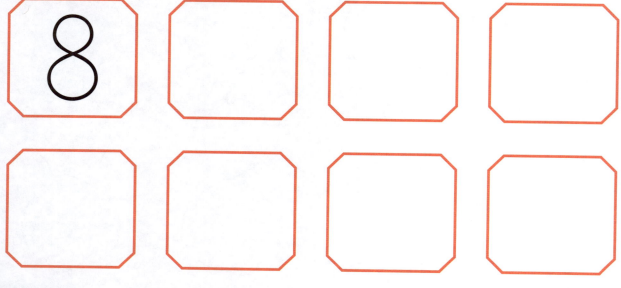

– **Vamos contar quantos ovos há em cada bandeja?**

- Desenhe um palito para cada ovo.
- Cubra o número correspondente à quantidade de ovos.

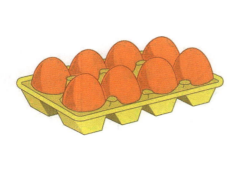  

 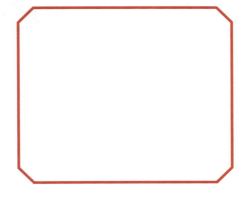 

 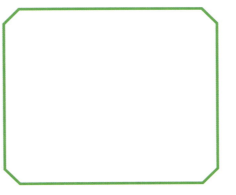 

Pinte os números 9 com giz de cera. Escolha as cores e comece a pintar pelo ponto.

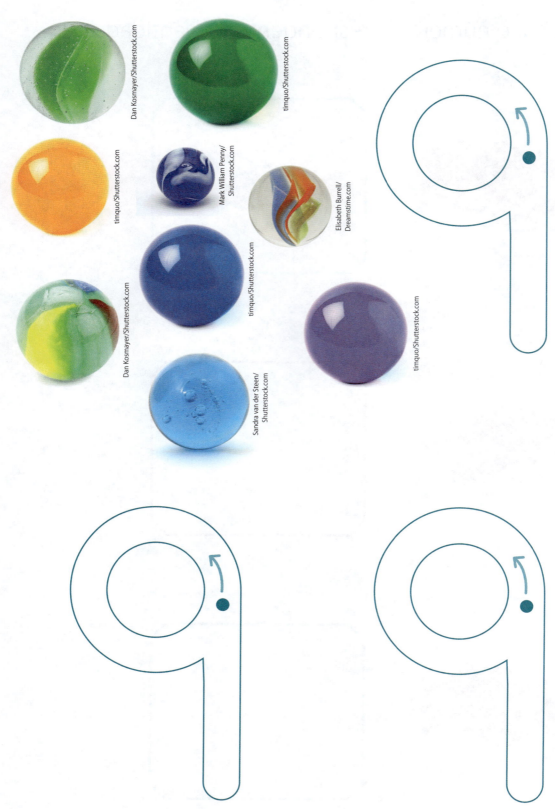

– **Quantos balões o menino tem?**

Conte 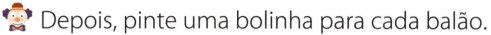 em voz alta apontando cada balão.

Depois, pinte uma bolinha para cada balão.

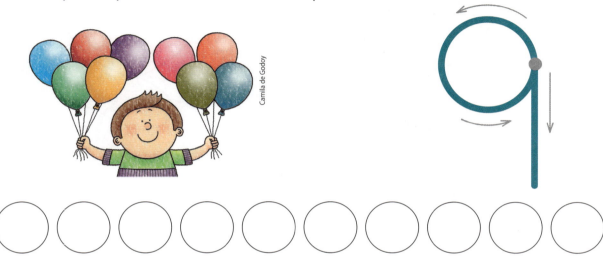

Cubra o tracejado do número 9.

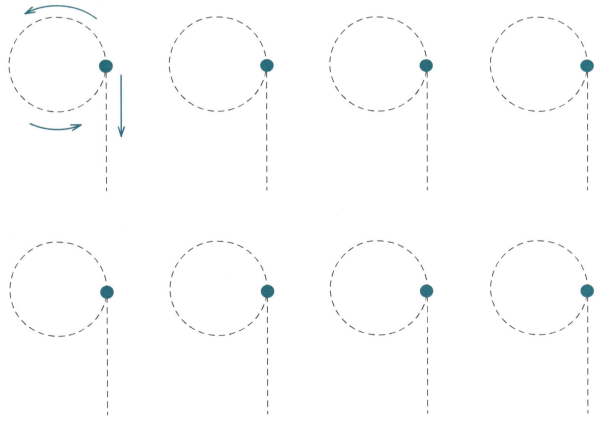

Pinte os balões que têm o número 9.

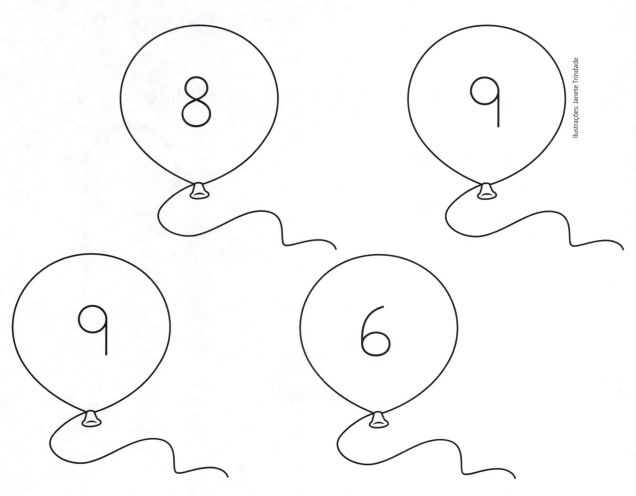

Agora, copie o número 9.

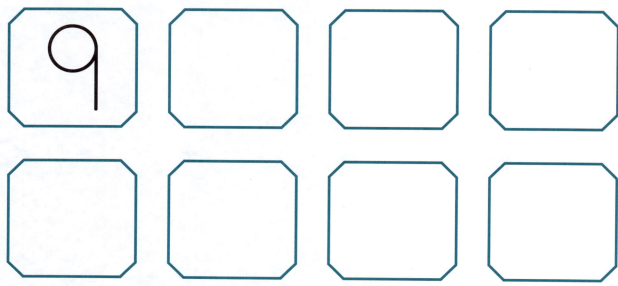

– **Vamos contar quantas miçangas há em cada colar?**

- Desenhe um palito para cada miçanga.
- Cubra o número correspondente à quantidade de miçangas.

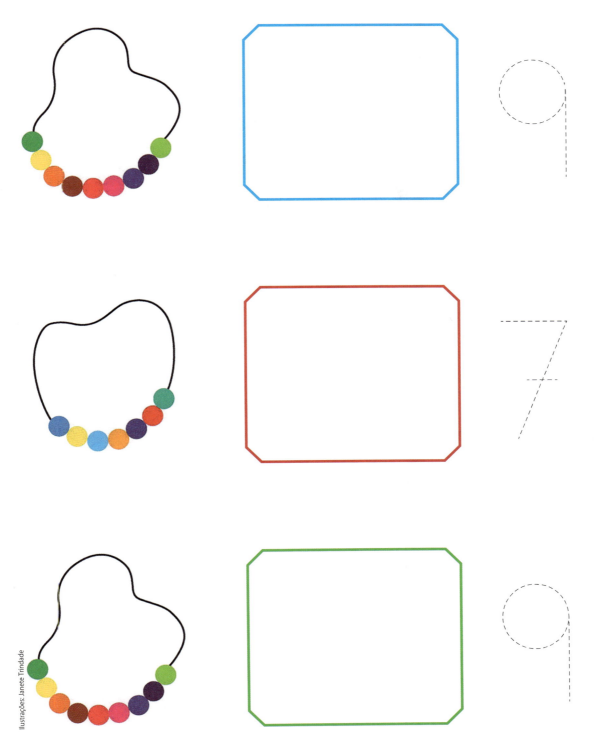

Revisando os números

Acompanhe a leitura da parlenda que o professor fará. Depois, continue desenhando os biscoitos de acordo com a quantidade indicada.

Fui à lata de biscoito!
Tirei...

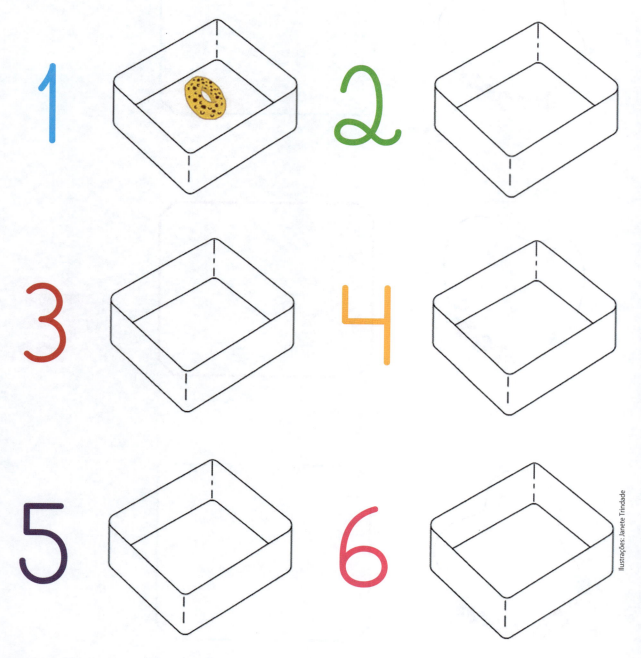

– **Quantos de cada?**

Pinte as bolinhas de acordo com a quantidade de cada animalzinho.

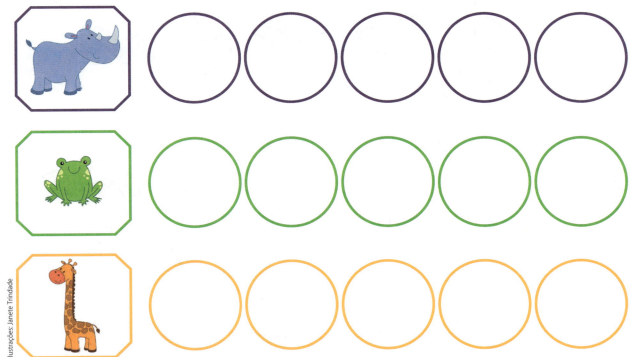

Recorte de jornais ou revistas os números que você já aprendeu e cole-os no corpo do coala.

0 1 2 3 4 5 6 7 8 9

Leve a galinha até a minhoca ligando os pontos de acordo com a sequência correta dos números. Fale esses números em voz alta.

Vamos contar!

Circule a resposta certa em cada situação.

– Quantos ratos vão comer o queijo?

2   4   8

– Quantas pegadas Totó deixou no chão?

3   6   9

Circule a resposta certa em cada situação.

– **Quantas fadinhas estão brincando de fazer estrelas?**

2   4   8

– **Quantas flores há no vaso?**

3   6   9

– Há mais moscas azuis ou rosa?

 Conte as moscas de cor **rosa** e as de cor **azul**. Depois, escreva as quantidades nos quadros.

– Há mais tartarugas adultas ou filhotes?

Conte as tartarugas adultas e os filhotes. Depois, escreva as quantidades nos quadros.

Ligue um rato a um queijo.

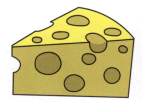

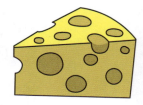

– Por que um rato ficou sem queijo?

 Escreva as quantidades de cada figura nos quadrinhos.

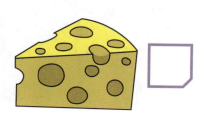

É tempo de Natureza

O macaco foi à feira,
Não sabia o que comprar.
Comprou uma cadeira
Pra comadre se sentar.

A comadre se sentou,
A cadeira esborrachou.
Coitada da comadre,
Foi parar no corredor.

Parlenda.

SUMÁRIO

Nosso corpo 217
Hábitos de higiene 221
Os sentidos 224
Visão
Audição
Olfato
Gustação
Tato
Os animais 230
As plantas 238
O dia e a noite 244
O Sol e a chuva 247

Nosso corpo

 Cante a cantiga com os colegas e faça gestos. Depois, circule na criança abaixo a parte do corpo citada na música.

**Fui ao mercado comprar café.
Veio a formiguinha e subiu no meu pé.
Eu sacudi, sacudi, sacudi,
Mas a formiguinha não parava de subir.**
Cantiga.

 Faça um desenho de seu corpo inteiro.

Observe nesta página a figura de uma menina e na página seguinte a de um menino.

Pinte a criança que mais se parece com você.

**Gabriel vai jogar futebol com os colegas.
– Vamos ajudar Gabriel a se vestir para o futebol?**

Ligue cada peça do vestuário à parte do corpo em que Gabriel irá usá-la. Depois, desenhe um boné na cabeça dele.

Hábitos de higiene

Lipe está tomando um banho gostoso!
– Você também gosta de tomar banho e ficar limpinho?

 Desenhe com lápis **azul** mais água saindo do chuveiro.

 Circule o que o menino usou, além da água, para ficar limpinho. Depois, pinte a cena.

Alguns cuidados com o corpo são importantes para a saúde e o bem-estar.

Converse com os colegas e o professor sobre os cuidados que você pratica.

Recorte de jornais, revistas ou panfletos figuras de produtos e objetos que você utiliza em sua higiene e cole-as a seguir.

– O que posso fazer para deixar meu corpo limpo?

- Circule o que cada criança está usando em sua higiene e faça um **/** na que está penteando os cabelos.
- Diga o nome de cada objeto ou produto usado por elas.

Os sentidos

Lara está lendo a história do patinho.

🤡 Circule na menina a parte do corpo que ela usa para enxergar e ler.

🤡 Qual das cenas a seguir você mais gosta de observar? Pinte-a.

Marcelo gosta de tocar seu tamborzinho.
– Tum, tum, tum...

Circule no menino a parte do corpo que ele usa para ouvir. Depois, pinte o que faz um som suave.

**A mãe de Clara fez um bolo de chocolate.
– Hummmm... Bolo de chocolate!**

Circule na menina a parte do corpo que ela usa para sentir o cheiro do bolo.

Agora, pinte o que também tem cheiro agradável.

– **Ai, que delícia!**
Agora, Clara está comendo o bolo de chocolate.

Circule na menina a parte do corpo que ela usa para sentir o sabor do bolo. Depois, pinte a fruta que você acha mais saborosa.

João brinca de vendar os olhos e pegar as coisas para descobrir como elas são.

 Pinte o que o menino está pegando de acordo com a legenda.

- 🟢 áspero
- 🔴 liso
- 🔵 macio
- 🟡 pegajoso

– Que parte do corpo usamos para sentir como são as coisas ao nosso redor?

A pipoca pula na panela:
- Poc, poc, poc...
- Ah! Que cheirinho bom!

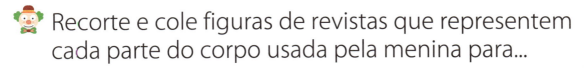

Recorte e cole figuras de revistas que representem cada parte do corpo usada pela menina para...

...ouvir o som da pipoca pulando na panela.	...sentir o cheiro da pipoca.
...ver a pipoca.	...sentir o sabor da pipoca.

Os animais

Alguns animais podem ser criados em casa, perto das pessoas.

– Você tem um animal em casa? Qual? Como se chama?

– Quem não tem, gostaria de ter?

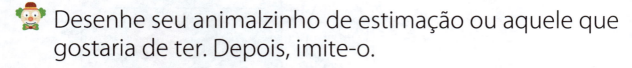 Desenhe seu animalzinho de estimação ou aquele que gostaria de ter. Depois, imite-o.

Alguns animais devem viver em florestas e em matas.
– Você sabe o nome desses animais?

 Observe os animais e ligue cada um a sua pele.

A pata põe ovos, tem um bico e o corpo coberto de penas. Ela é uma ave.

– Você sabe imitar um patinho?

 Circule a mamãe pata de **azul**. Depois, ligue os filhotes à mamãe pata.

O peixe vive na água e nada.
O corpo da maioria dos peixes é coberto de escamas.
– Você já viu um peixinho nadando?

 Contorne o peixe e pinte a figura dos animaizinhos que também vivem na água.

Pinte de **verde** os espaços que têm pontinhos e encontre um animal que vive tanto na terra quanto na água.

A pele do sapo é rugosa e úmida.

O professor lerá uma adivinha. Descubra a resposta e cole pedacinhos de algodão no bichinho correto.

Quem sou eu?

**Mé, mé!
Vou comer grama verdinha.
O meu pelo é enroscado
E dá lã bem quentinha!**

Adivinha.

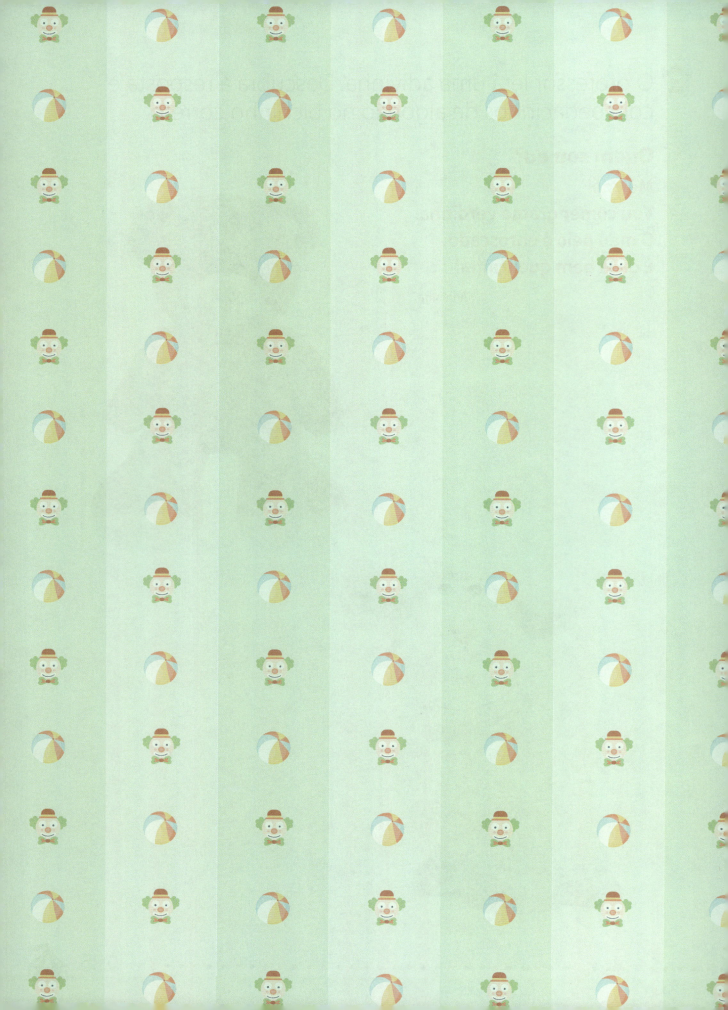

O porquinho gosta de comer espigas de milho.
– E os outros animais, o que gostam de comer?

Leve cada animalzinho a seu alimento preferido pintando as bolinhas nas cores indicadas.

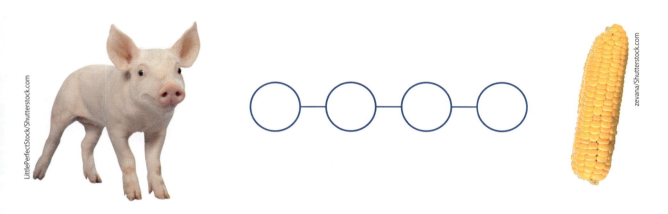

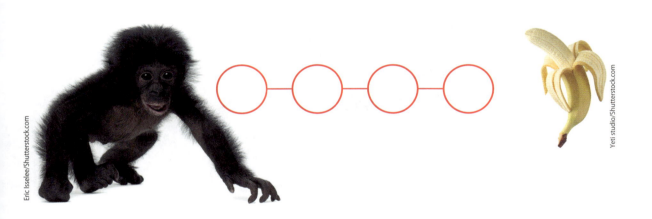

As plantas

**Um jardim na primavera é lindo por inteiro.
As florzinhas vão surgindo, cheias de cor e cheiro. [...]**

Estações do ano. Trad. Vanessa Nicolav. São Paulo: Caramelo, 2011. p. 2. (Coleção Baby Einstein).

Faça 🟠 em todo o miolo da flor e pinte as folhas de **verde**. Depois, pinte o vaso e as pétalas como quiser.

As plantas precisam de terra fértil, de ar e de água para viver, além de luz e calor do Sol.

Existem muitos tipos de flor.

 Ligue cada pétala a sua flor.

– O que Maria está fazendo?

Observe as cenas e pinte cada bolinha de acordo com a legenda.

● Maria está plantando sementes.
● Maria está regando a planta.
● Maria está observando a plantinha que cresceu.

– **De onde vêm os legumes, as frutas e as verduras que consumimos todos os dias?**

Circule os alimentos que você já comeu.

– Você já provou estas frutas?
– Quais são suas frutas preferidas?

 Pinte o boneco que mostra sua opinião sobre cada fruta.

Cante com os colegas e o professor. Depois, pinte o suco usando a mesma cor da fruta.

Meu limão, meu limoeiro

Meu limão, meu limoeiro,
Meu pé de jacarandá.
Uma vez, tindolelê!
Outra vez, tindolalá!

Cantiga.

O dia e a noite

Dia

Quando o Sol brilha forte,
Os macacos sentem muita alegria.
Eles saem para brincar
Na bela luz do dia.

Dia. Kay McLean. **Conhecendo os opostos**. Trad. Daniel Oliveira. São Paulo: Ciranda Cultural, 2013. p. 9.

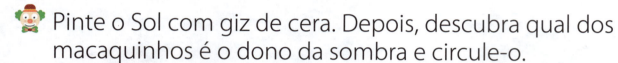 Pinte o Sol com giz de cera. Depois, descubra qual dos macaquinhos é o dono da sombra e circule-o.

Noite

A coruja é diferente
E no escuro ela fica acordada.
Bate as asas quando anoitece
Para ver a noite estrelada.

Noite. Kay McLean. **Conhecendo os opostos**. Trad. Daniel Oliveira. São Paulo: Ciranda Cultural, 2013. p. 10.

Contorne a Lua com lápis **azul**. Depois, faça um **X** nas corujinhas que estão acordadas.

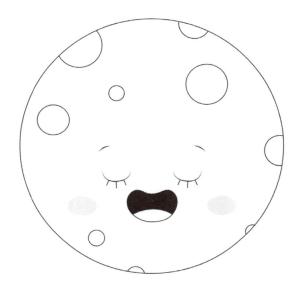

Ligue o Sol às figuras que, para você, lembram o **dia**. Depois, ligue a Lua às figuras que, para você, lembram a **noite**.

O Sol e a chuva

**Sol e chuva: casamento de viúva.
Chuva e Sol: casamento de espanhol.**

Parlenda.

– Como está o tempo hoje?

Olhe pela janela da sala e observe o tempo. Depois, circule a imagem que combina com o que você observou.

– **Você já tomou banho de chuva?**

 Acompanhe a leitura do professor. Depois, cole pedacinhos de papel branco na nuvem e pedacinho de papel **azul** em cada pingo da chuva.

**Chove, chuva, chuvisquinho
Minha calça tem furinho.
Chove, chuva, chuvarada
Minha calça está rasgada.**

Quadrinha.

– Como está o tempo hoje?

Pinte a resposta.

 – Qual criança está vestida adequadamente para hoje?

Circule a resposta.

Diga aos colegas o que você costuma fazer e usar em dias bem quentes.

Faça um **X** nas figuras que combinam com os dias quentes.

É tempo de Sociedade

Viva eu
Viva tu
Viva o rabo do tatu!

Parlenda.

A criança 253	Carnaval 293
A família 259	Páscoa 295
A casa 263	Dia Nacional do Livro Infantil..........297
A escola 268	Dia do Índio 299
Boas maneiras 272	Dia das Mães 301
Diversidade 274	Festas Juninas........................303
Os meios de transporte 277	Dia dos Pais 305
Os meios de comunicação 283	Dia do Folclore 307
As profissões 288	Dia da Pátria...........................309
Datas comemorativas 292	Dia da Criança........................311
	Dia do Professor 313
	Dia da Bandeira......................315
	Natal.......................................317

A criança

 Desenhe seu rostinho no quadro.

Eu sou assim...

Meu nome é...

– **Quantos anos você tem?**

Conte as velas de cada bolo e os dedinhos levantados de cada mãozinha.

Depois, pinte o bolo e circule a mãozinha que representa sua idade.

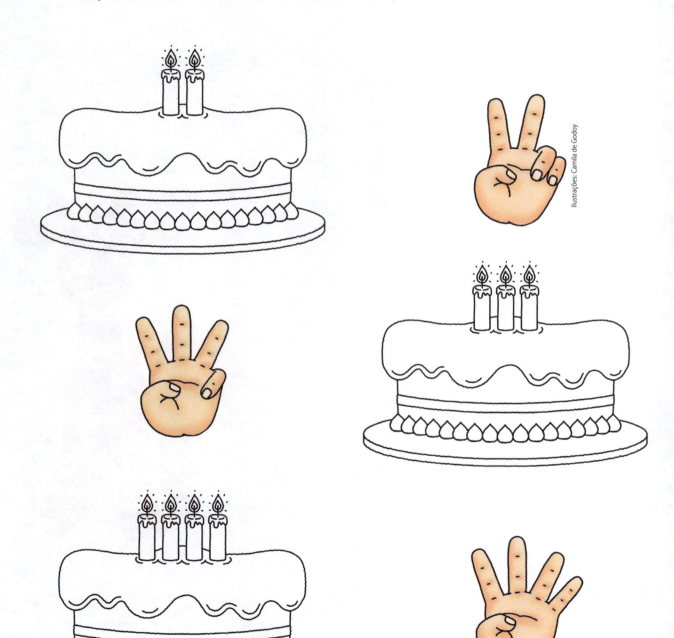

– Você já reparou nas pontas de seus dedos?
Essas marquinhas são suas digitais.

 Com o lápis, faça o contorno de sua mão no quadro abaixo. Depois, molhe a ponta dos dedos em uma carimbeira e carimbe suas digitais na imagem.

Onde está o polegar? Estou aqui, estou aqui.
E o outro, onde está? Estou aqui também.
Como vai você? Eu vou muito bem.
Eu já vou embora. Eu já vou também.

Cantiga.

– **Com quais destes brinquedos você gostaria de brincar?**

 Aponte-os com o dedo e, depois, circule-os.

– **Com quem você gosta de brincar?**

- Desenhe você e essa pessoa brincando do que mais gostam quando estão juntos.
- Depois, apresente-a aos colegas dizendo quem você desenhou e o nome da brincadeira.

Daniel está olhando seu álbum de fotografias.
– Veja só como o menino cresceu!

Coloque as fotografias de Daniel em ordem conforme a idade. Pinte uma ✿ na primeira foto, ✿✿ na segunda e ✿✿✿ na última.

A família

As famílias podem ser formadas de diferentes maneiras.
– Como é sua família?

Pinte um ursinho para cada pessoa que mora com você e diga o nome dela.

Ligue os pontos para levar os pais até os filhos.

Alice e Miguel gostam muito dos avós.

– Você também gosta de seus avós? Qual é o nome deles? O que vocês fazem juntos?

Ligue os netinhos aos avós. Faça um traço para cada vovó ou vovô.

– Quantos avós você tem?

Não importa o tipo de família que temos, o mais importante é haver amor, respeito e união entre as pessoas que fazem parte dela.

Desenhe sua família. Depois, fale para os colegas o nome de cada pessoa que desenhou.

Camila de Godoy

Eu amo minha família!

A casa

Nossa casa é nosso abrigo. Todas as pessoas precisam de um lugar para morar.

– Como é sua moradia?

 Pinte a porta e as janelas desta casa.

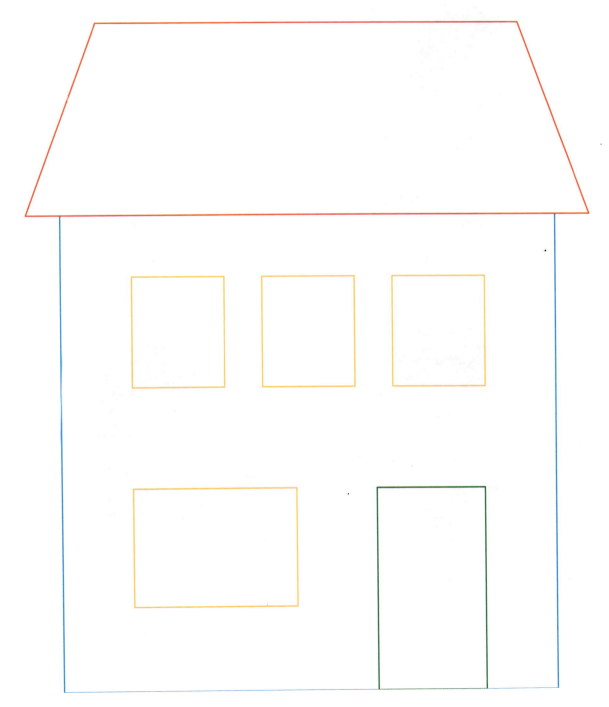

– Em cada cena, qual é o lugar da casa em que o menino aparece?

🤡 Ligue as cenas que mostram o menino no banheiro.

🤡 Circule a cena em que ele está na cozinha.

– Qual é o lugar da casa em que você mais gosta de ficar?

– **Vamos organizar a casinha?**
– **Que objetos há em seu quarto? E na cozinha?**

 Marque as imagens de acordo com a legenda.

✗ usado na cozinha   ✗ usado no quarto

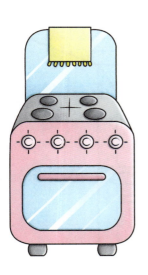

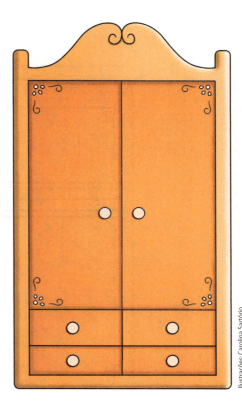

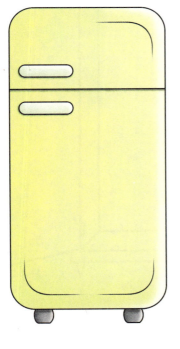
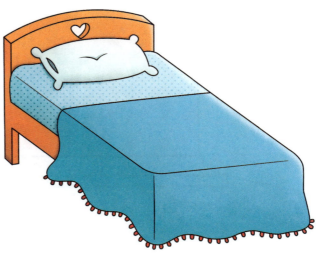

– O que guardamos no guarda-roupa?

 Pinte o guarda-roupa. Depois, recorte de revistas e panfletos imagens de coisas que costumamos guardar nele e cole na imagem.

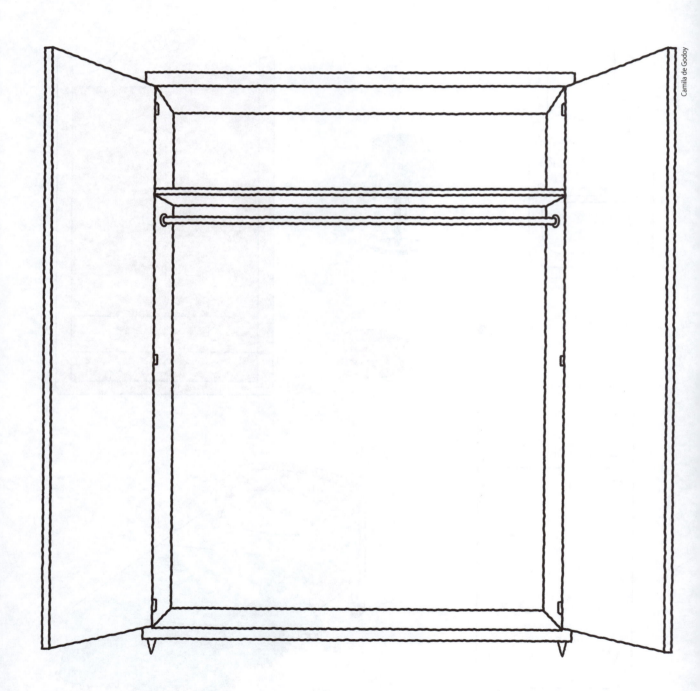

Pinte o que utilizamos para deixar a casa limpinha. Depois, circule a resposta da adivinha.

O que é, o que é?

Corre pela casa toda.
Depois dorme num cantinho.

Adivinha.

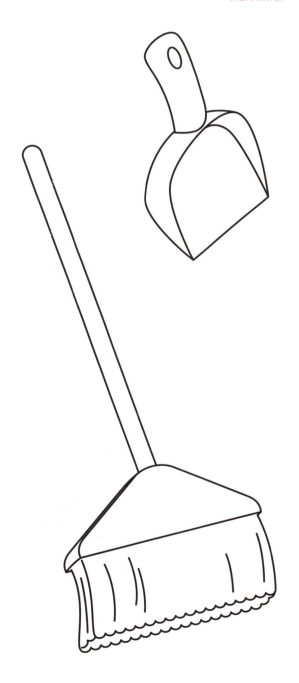

Ilustrações: Camila Sampaio

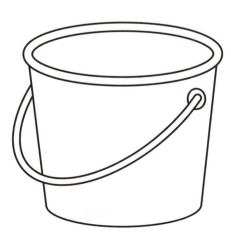

A escola

 Escute a quadrinha e observe os uniformes das crianças. Depois, ligue as que estudam na mesma escola.

**Quando chego à escola,
fico alegre, fico contente.
Abraço minha professora,
cumprimento toda gente.**

Quadrinha.

– O que você faz na escola?

- Converse com os colegas sobre o que vocês fazem na escola.
- Faça um **X** nas ações que você pratica na escola.

– O que a professora faz na escola?

 Pinte a professora. Depois, desenhe mais crianças na fila.

– O que você pode fazer para ajudar a cuidar da escola em que estuda?

🤡 Circule a criança que está jogando o lixo na lixeira.

🤡 Faça uma 🟢 na criança que está guardando os brinquedos.

🤡 Diga aos colegas o que está fazendo a criança que não foi marcada.

Boas maneiras

 Observe as cenas.

- O que a professora está fazendo?
- E as crianças, o que estão fazendo?

 Faça um **X** no quadrinho da cena que mostra Sara levantando a mão para falar e um **/** no quadrinho da cena em que as crianças estão escutando a professora com atenção.

– **O que você fala quando ganha um presente?**

**Eu conheço um menino
Que é muito educado.
Quando ganha um presente,
Fala logo "Obrigado!".**

Quadrinha.

 Pinte a cena.

Diversidade

Ser diferente é normal! Cada pessoa é especial e tem seu jeito de ser, pensar e agir.

Pinte o cabelo de cada criança com uma cor diferente.

– Vamos respeitar e acolher as pessoas do jeitinho que elas são!

Recorte de jornais e revistas imagens de pessoas e cole-as aqui. Depois, com os colegas, compare as imagens e descreva as pessoas.

Os meios de transporte

– Como você vai aos lugares que ficam longe de sua casa?
– Para que servem estes veículos?

🤡 Faça um **/** no veículo utilizado em caso de incêndio.

🤡 Circule o veículo usado em caso de acidente ou doença.

– **Vejam, Joaquim e Bela vão viajar!**

Com as cores indicadas, pinte os espaços em que aparecem pontinhos e encontre o meio de transporte que eles utilizarão.

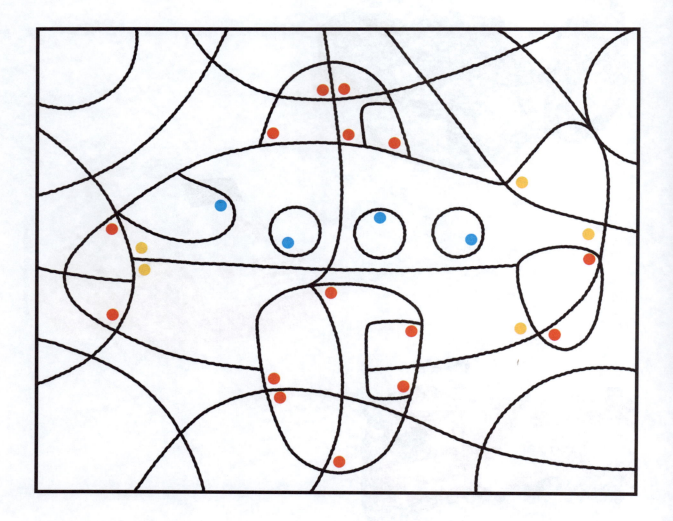

**Estes meios de transporte são terrestres.
Eles se deslocam em ruas e estradas.**

 Ligue cada meio de transporte a sua sombra. Depois, circule os que você já usou.

Estes meios de transportes são aquáticos. Eles se deslocam pela água.

 Molhe o dedo em tinta guache **azul** e pinte a água por onde passa cada meio de transporte aquático.

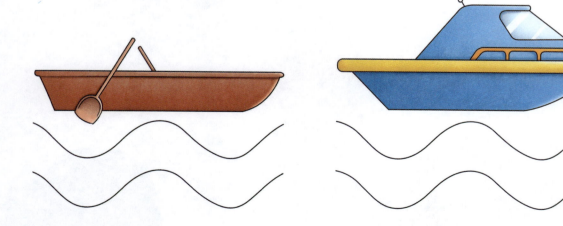

Estes meios de transporte são aéreos. Eles se deslocam no ar.

- Cubra o tracejado do movimento dos veículos pelo ar.
- Circule aquele em que você gostaria de andar.

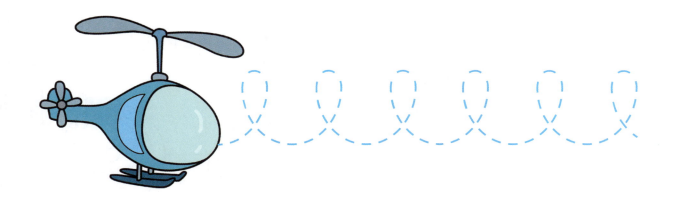

– **Onde se locomovem estes meios de transporte?**

Pinte os meios de transporte de acordo com a legenda.

- 🔴 transporte aéreo
- 🔵 transporte aquático
- 🟡 transporte terrestre

Os meios de comunicação

– Você gosta de assistir a filmes e desenhos?
– Como você faz isso?
– O que Mariana está vendo na televisão?

 Observe os gatinhos e descubra qual deles é igual ao da televisão. Circule a resposta.

Os meios de comunicação passaram por transformações ao longo do tempo.

– **O que você gosta de ver na televisão?**

– **Você já viu uma televisão muito antiga?**

Observe as imagens e faça um **X** na televisão antiga. Depois, desenhe seu programa de TV favorito na televisão nova.

– **Qual é o nome destes meios de comunicação?**

Circule o meio de comunicação que cada criança está usando e diga o nome dele.

Recorte de jornais e revistas figuras de dois meios de comunicação que você mais utiliza e cole-os a seguir. Depois, apresente-os aos colegas.

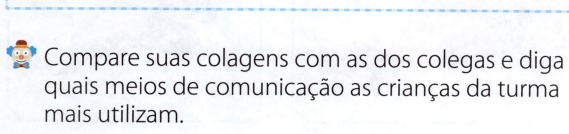 Compare suas colagens com as dos colegas e diga quais meios de comunicação as crianças da turma mais utilizam.

Escreva a letra inicial de seu nome na tela do computador. Depois, faça uma linda pintura nele.

As profissões

Todas as profissões são importantes e merecem respeito.

Seu Pedro é pintor; ele pinta paredes.

– Você conhece algum pintor?

 Pinte as ferramentas que o pintor usa para trabalhar.

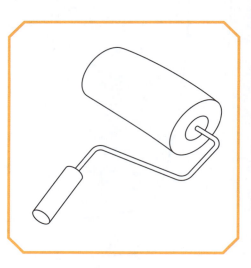

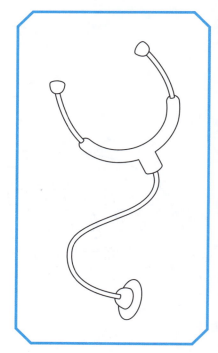

Escute e aprenda a lenga-lenga.

 Recorte de jornais ou revistas uma imagem que represente alguém de sua família trabalhando. Depois, mostre-a aos colegas e diga quem é a pessoa e o que ela está fazendo.

**O leiteiro vende leite.
O padeiro vende pão.
A peixeira vende peixe.
O carvoeiro, o carvão.**

Lenga-lenga.

– O que faz a doceira?

 Ligue a doceira ao que ela faz.

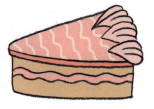

Carnaval

O Carnaval é uma festa muito animada.
- Você gosta do Carnaval?
- O que vemos nas festas de Carnaval?

Circule a criança que está fantasiada de palhaço. Depois, cole papel laminado picado na cena para enfeitá-la.

Páscoa

 Cole pedacinhos de algodão no coelhinho. Depois, desenhe bolinhas coloridas no caminho que leva o bichinho até o ovo.

**Coelhinho fofo,
Seja bonzinho!
Já é Páscoa!
Cadê meu ovinho?**

Texto escrito especialmente para esta obra.

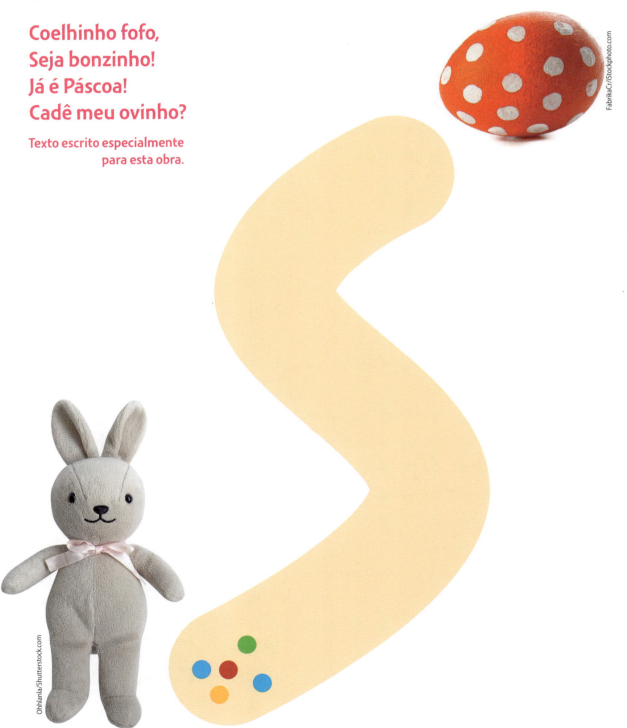

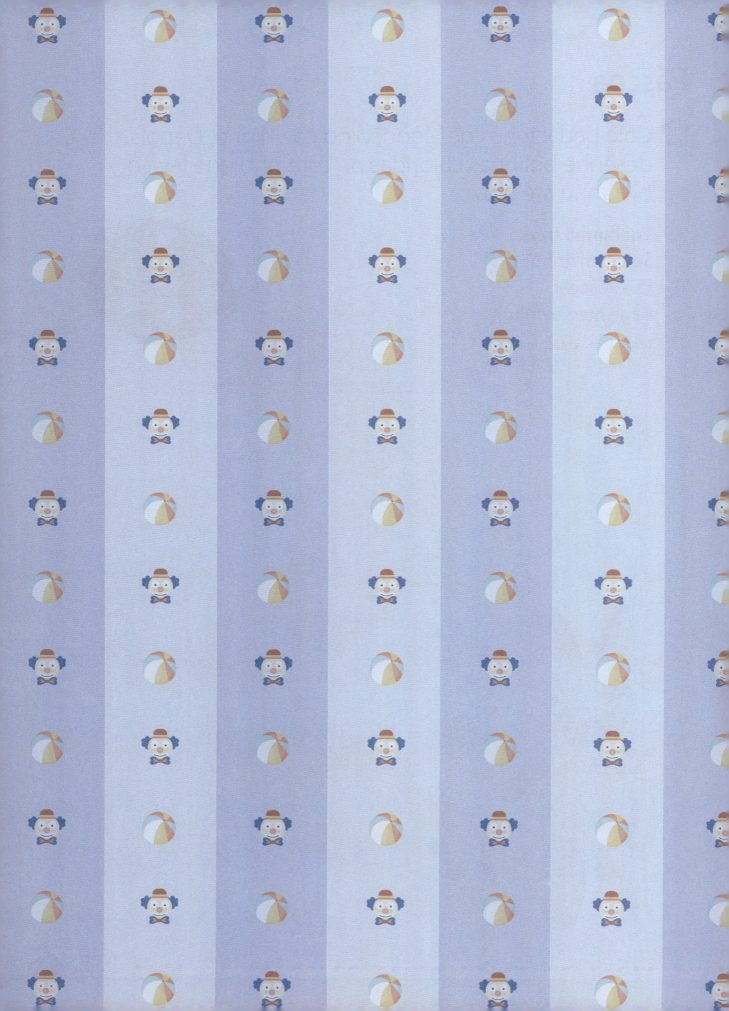

Dia Nacional do Livro Infantil – 18 de abril

Essa data é uma homenagem a Monteiro Lobato, escritor brasileiro que criou personagens como a boneca Emília e o Visconde de Sabugosa.

 Cole pedacinhos de EVA na moldura do retrato de Monteiro Lobato.

Dia do Índio – 19 de abril

Os indígenas foram os primeiros habitantes do Brasil. Muitos de nossos costumes, conhecimentos e hábitos tiveram origem na cultura indígena.

Recorte a figura do indiozinho e cole-o em um canudo feito de jornal. Depois, brinque de fantoche com os colegas.

Modelo:

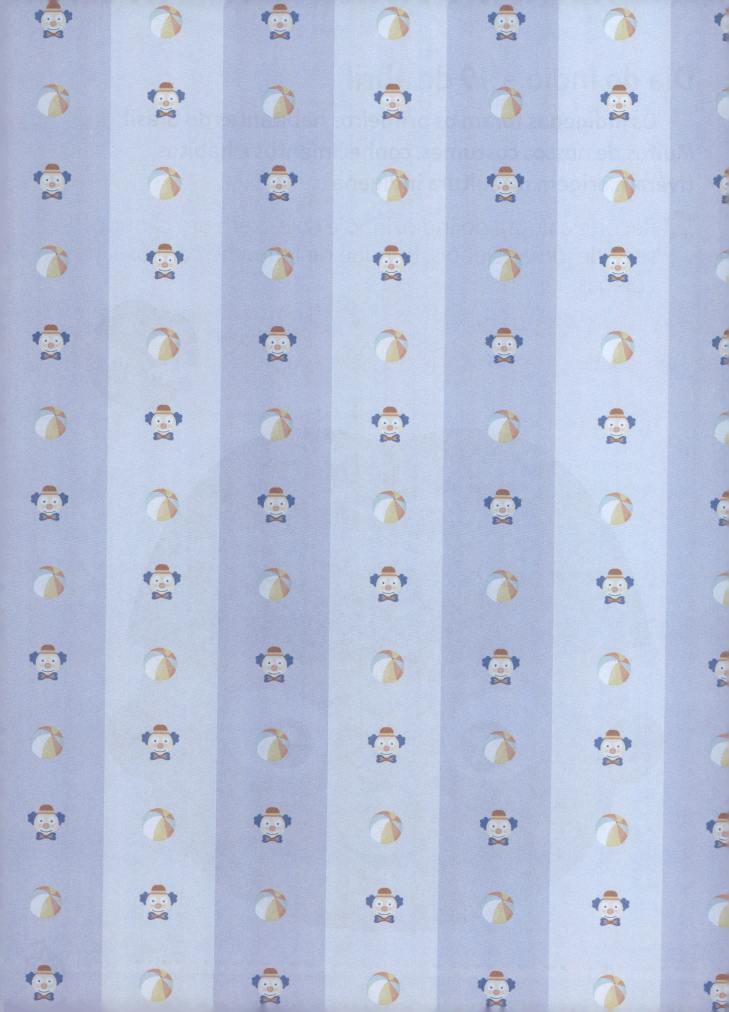

Dia das Mães – 2º domingo de maio

– Vamos preparar uma surpresa para a mamãe!

Desenhe e pinte sua mãe (ou a pessoa que cuida de você) dentro da flor. Depois, recorte o cartão nas linhas tracejadas e entregue-o a ela.

Camila de Godoy

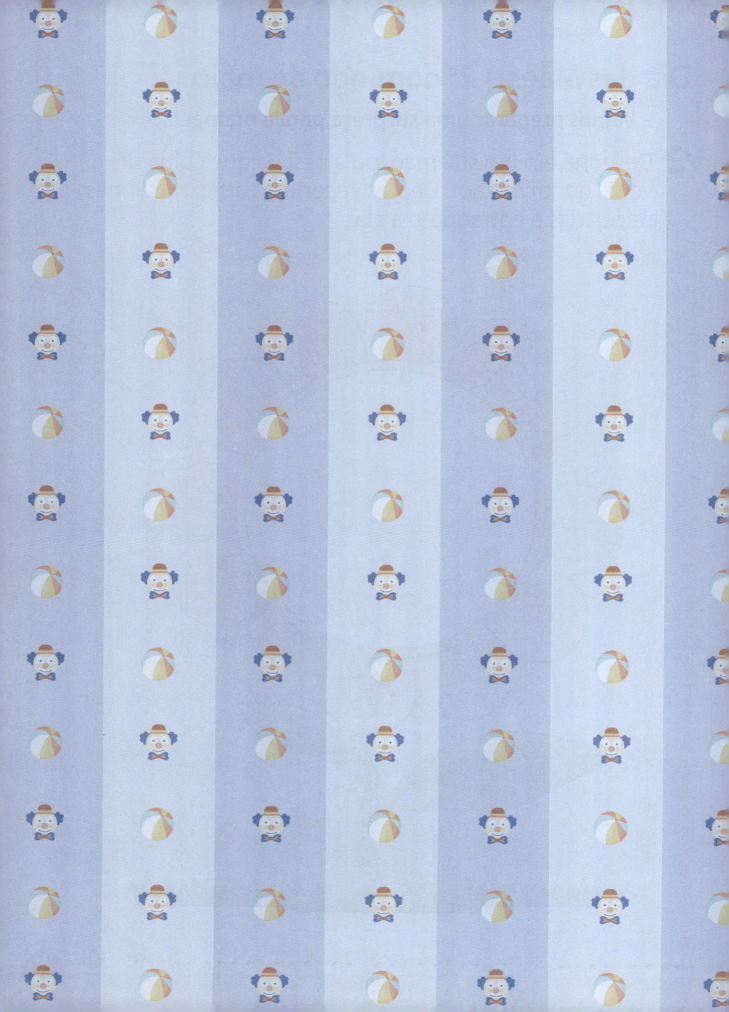

Festas Juninas – Mês de junho

Cole pedacinhos de papel celofane **vermelho** e **amarelo** na fogueira.

Capelinha de melão
É de São João,
É de cravo, é de rosa,
É de manjericão.

São João está dormindo,
Não acorda, não!
Acordai, acordai,
Acordai, João!

Cantiga.

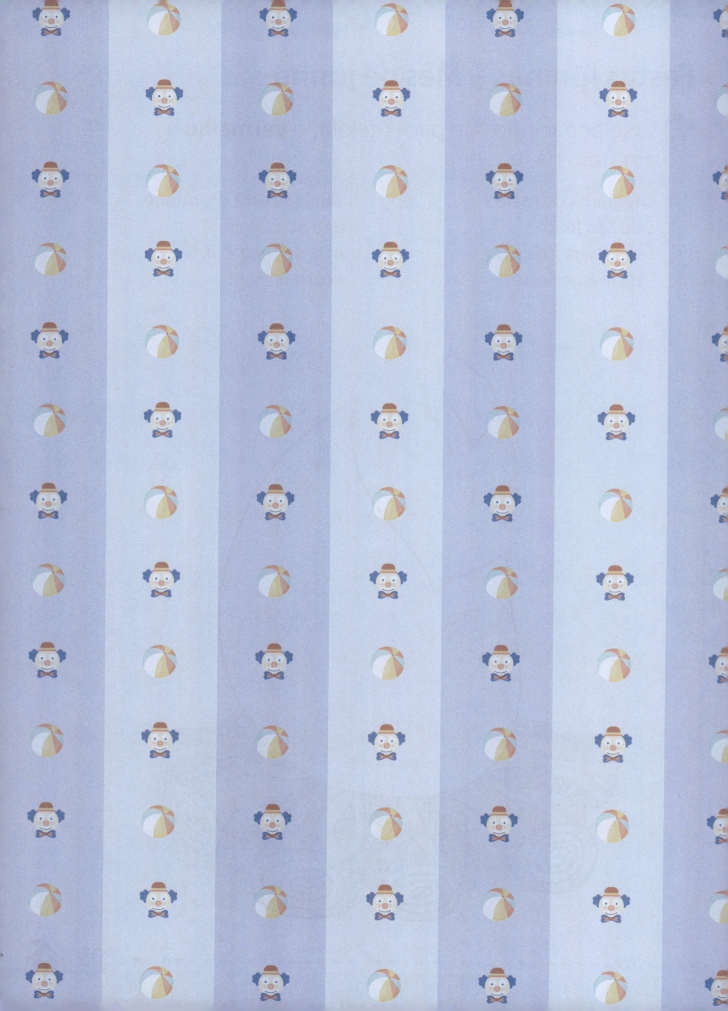

Dia dos Pais – 2º domingo de agosto

– Vamos preparar uma surpresa para o papai!

- Com a ajuda do professor, escreva o nome de seu pai (ou a pessoa que cuida de você) na medalha. Depois, recorte-a, dobre-a ao meio e cole as partes.

- Amarre uma fitinha de cetim na medalha e entregue-a a essa pessoa.

Modelo:

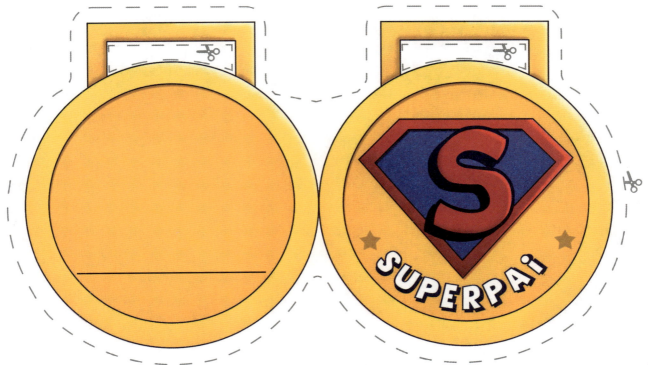

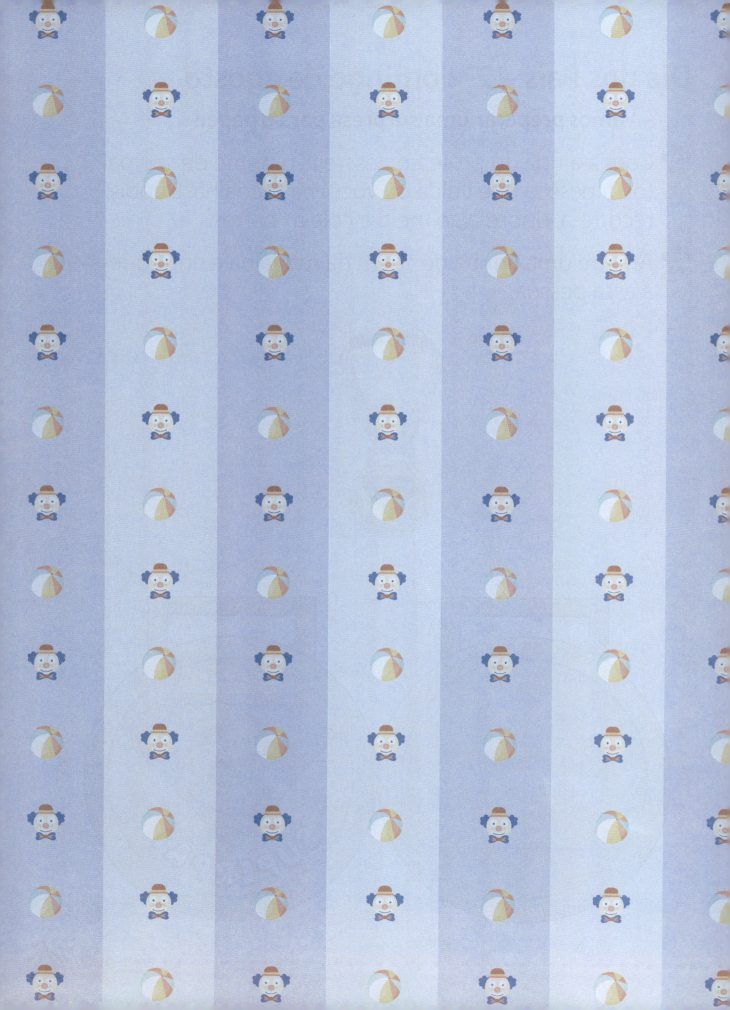

Dia do Folclore – 22 de agosto

 Pinte o boi-bumbá e enfeite-o colando pedacinhos de tecido e lantejoulas.

O meu boi morreu!
Que será de mim?
Manda buscar outro, ó maninha,
Lá no Piauí.

Cantiga.

Dia da Pátria – 7 de setembro

🤡 Com a ajuda do professor, faça um chapéu de jornal.

🤡 Recorte a bandeira do Brasil e cole-a no chapéu.

Modelo:

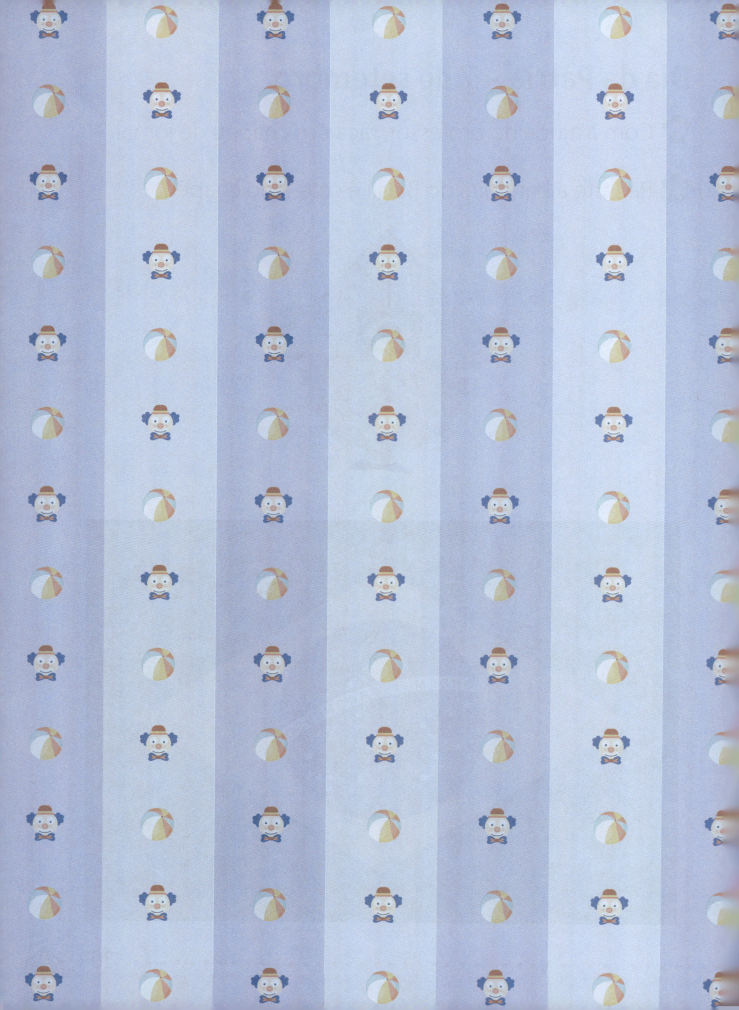

Dia da Criança – 12 de outubro

– Toda criança gosta de brincar!
– Você gosta de brincar de quê?

Recorte a máscara de ursinho e brinque com os colegas. Depois, leve a máscara para casa, mostre-a a seus familiares e convide-os para brincar com você.

Janete Trindade

Dia do Professor – 15 de outubro

Recorte o cartão e assine seu nome nele. Depois, dobre os braços do ursinho e entregue-o ao professor com um abraço.

Modelo:

Eu te abraço, professor(a)!

Dia da Bandeira – 19 de novembro

🤡 Pinte a bandeira, recorte-a e cole-a em um canudo feito de jornal enrolado.

Modelo:

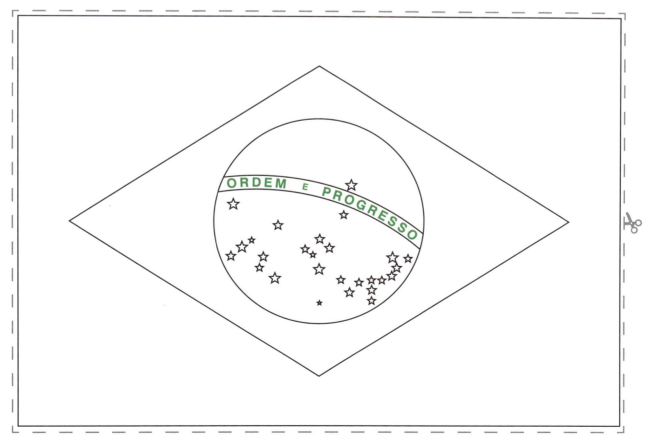

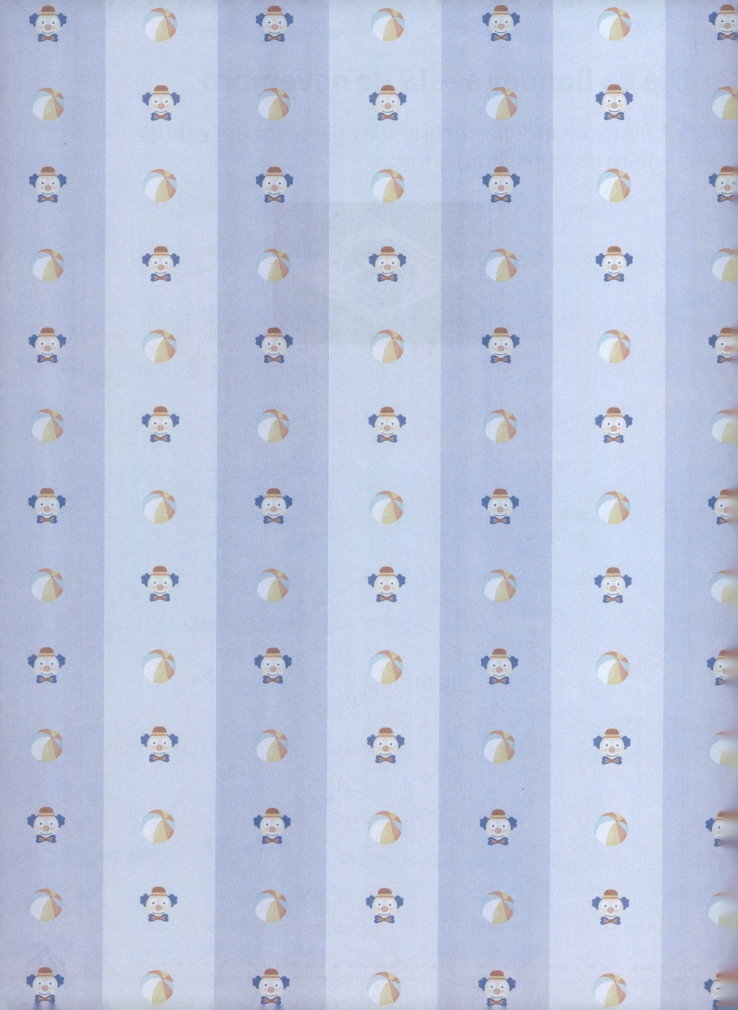

Natal – 25 de dezembro

– O que você vai fazer neste Natal?

Para os cristãos, essa festa comemora o nascimento de Jesus Cristo.

Cole bolinhas de algodão na barba do Papai Noel. Depois, cole pedacinhos de EVA **vermelho** no gorro dele.

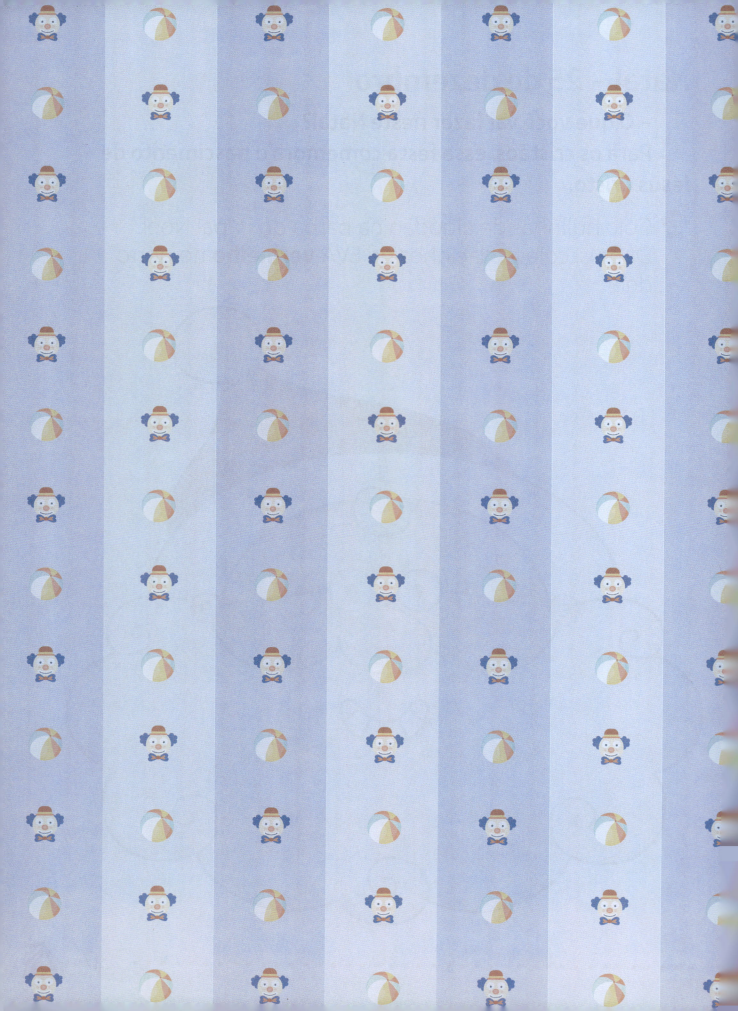

Ficha individual de observação

(Esta ficha é de uso exclusivo do professor.)

Objetivos

- ✪ Dar ao educador condições de organizar melhor suas observações sobre o desenvolvimento da criança no dia a dia.

- ✪ Delinear o perfil da criança, seus hábitos e suas preferências.

- ✪ Utilizar a ficha durante as reuniões de pais como fonte de informações sobre a criança.

Silvana Rando

Observações

- ✪ Esta ficha não pode ser trabalhada em forma de teste. Destaque-a do livro de cada criança no início do ano.

- ✪ Aconselhamos que comece a trabalhar com a ficha somente a partir do segundo bimestre, quando já conhece melhor a criança, porque, nessa faixa etária, às vezes, ela pode ter atitudes agressivas ou desordenadas na apresentação das ideias, sem que sejam suas características verdadeiras. Não espere da criança um comportamento estável. Preencha a ficha após várias observações.

- ✪ Para avaliar o grau de aprendizagem e a maturidade da criança, é preciso ouvi-la com bastante atenção e verificar seu desempenho durante toda e qualquer atividade.

- ✪ Esperamos que esta obra seja uma ferramenta de ajuda a seu criativo e dinâmico trabalho para juntos formarmos cidadãos com habilidades e atitudes positivas.

Vilza Carla

Nome: _____

Para utilizar a ficha de observação, sugerimos a seguinte simbologia e descrição: ▲ Sim ● Às vezes ▼ Não ■ Não observado					
Características físicas, mentais, sociais e emocionais		**Bimestres**			
		1º	2º	3º	4º
1.	Realiza as atividades com interesse.				
2.	Escolhe atividades.				
3.	Faz muitas perguntas.				
4.	Seu período de concentração é muito curto em relação ao das demais crianças.				
5.	Pronuncia as palavras com facilidade.				
6.	Gosta de brincar de faz de conta, imitar, dramatizar.				
7.	Segue instruções.				
8.	Mostra-se responsável com seus pertences.				
9.	Recusa-se a participar das brincadeiras em grupo.				
10.	Demonstra fadiga após quaisquer atividades.				
11.	Espera sua vez.				
12.	Manifesta timidez.				
13.	Dá recados com clareza.				
14.	Memoriza poesias, frases, canções.				
15.	Aceita mudanças na rotina.				
16.	Chora sem explicações evidentes ou com frequência.				
17.	Pede sempre ajuda.				
18.	Demonstra agressividade.				
19.	Rabisca e estraga trabalhos dos amigos.				
20.	Demonstra iniciativa para resolver seus problemas.				
21.	Revela segurança.				
22.	É bem aceita pelos colegas.				
23.	Demonstra dificuldade em ser organizada.				
24.	Partilha seus objetos com boa vontade.				
25.	Apresenta prontidão na aprendizagem.				
26.	É observadora.				
27.	Participa das avaliações orais.				